AGENDA 21 EXPUESTA

La Demolición de la Libertad a Través del Acuerdo
Verde y el Gran Reajuste

2021-2030-2050

Plandemia - Crisis Económica - Hiperinflación

Libros de Truth Leaks

Descargo de responsabilidad

Copyright 2021 por Truth Leaks Books - Todos los derechos reservados

Este documento pretende proporcionar información exacta y fiable en relación con el tema y la cuestión tratados. La publicación se vende con la idea de que el editor no está obligado a prestar servicios contables, oficialmente permitidos o de otro tipo, calificados. En caso de que sea necesario un asesoramiento, legal o profesional, se debe solicitar a una persona con experiencia en la profesión - de una Declaración de Principios que fue aceptada y aprobada igualmente por un Comité de la Asociación de Abogados de Estados Unidos y un Comité de los Editores y Asociaciones.

En ningún caso es legal la reproducción, duplicación o transmisión de cualquier parte de este documento, ya sea por medios electrónicos o en formato impreso. La grabación de esta publicación está estrictamente prohibida y no se permite el almacenamiento de este documento a menos que se cuente con la autorización por escrito del editor. Todos los derechos reservados.

La presentación de la información es sin contrato ni ningún tipo de garantía. Las marcas comerciales que se utilizan son sin ningún tipo de consentimiento, y la publicación de la marca comercial es sin el permiso o el respaldo del propietario de la marca. Todas las marcas comerciales y marcas dentro de este libro son sólo para fines de aclaración y son propiedad de los propios propietarios, no afiliados a este documento. No fomentamos ningún tipo de abuso de sustancias y no nos hacemos responsables de la participación en actividades ilegales.

El Vaticano lo aprueba

Director adjunto: El Vaticano confirma que nuestras vacunas desarrolladas con células abortivas son aceptables

El Proyecto Veritas, en su más reciente video exponiendo la estafa de la corona-vax, pone en cámara a Melissa Strickler, denunciante de Pfizer. Ella encontró en una base de datos correos electrónicos de los principales ejecutivos de la empresa en los que se acordaba mantener oculta la información sobre el uso de células de fetos abortados en el desarrollo de las "vacunas" Covid. Strickler teme que estas células también se hayan utilizado en las vacunas finales.

Vanessa Gelman, directora sénior de Investigación, Desarrollo y Comunicaciones a nivel mundial, escribió en correos electrónicos a Philip Dormitzer, vicepresidente y director científico, entre otros, que aunque estas líneas celulares humanas no se utilizaron directamente en la "vacuna" experimental, "una o más líneas celulares con un origen que puede remontarse a células fetales humanas" se utilizan en los laboratorios de pruebas.

Sobre esto, Gelman escribe: "Esta parte nos esforzamos por no compartirla a menos que sea estrictamente necesaria y crítica para la misión... Desde el punto de vista de los asuntos corporativos, queremos evitar que la información sobre las células fetales salga a la luz". La

2

razón que aduce es que existe un riesgo demasiado alto de que "miembros del público" utilicen esta información "de una manera que no deseamos".

Philip Dormitzer escribió entonces en un correo electrónico a otro empleado que 'las células HEK293T (HEK = riñón de embrión humano**), utilizadas para el análisis de la IVE, procedían en última instancia de un feto abortado. Por otra parte, el comité doctrinal del Vaticano ha confirmado que considera aceptable que los creyentes provida se vacunen'.

Strickler confirma que, al hacerlo, Pfizer no se preocupa por los objetores de conciencia religiosos legalmente reconocidos. Están ocultando al público el conocimiento por el cual la gente puede decidir si consiente o no.... Son tan engañosos en sus correos electrónicos que casi parece que estas células están en la vacuna final. Eso me hizo no confiar en ello'.

Cuando los funcionarios de la FDA la visitaron para su verificación, las ventanas de algunas habitaciones estaban ennegrecidas. Cuando se le preguntó por qué se dirigió abiertamente al Proyecto Veritas, respondió que consideraba que era lo correcto porque "mi propia empresa no quiere ser honesta conmigo... Estaba realmente traumatizada y harta de las cosas que vi. Por eso pedí una excedencia. Ahora siento bastante miedo de lo que me puedan hacer. Pero estoy en paz con ello. El público tiene que saber esto, porque quieren dárselo a los niños".

3

¿Por qué no fue al Congreso con esto? Porque sus abogados le aconsejaron que fuera directamente al Proyecto Veritas. 'Los abogados denunciantes (y también alguien que trabajó en el Departamento de Justicia durante 17 años) me dijeron que algunas cosas es mejor filtrarlas a los medios de comunicación, que hacerlo de cualquier otra manera. Y creo que eso debería hacerse público para que la gente se dé cuenta de que está siendo engañada.

Concluye dirigiéndose a sus jefes en Pfizer: 'Soy sólo una cara de muchos de sus empleados que están dispuestos a luchar contra esto y revelar al mundo lo que está pasando. Todo lo que queremos es que seáis transparentes, honestos y que hagáis lo correcto'.

Células abortivas en las vacunas previamente vinculadas al cáncer, la leucemia y el autismo

Una vacuna canadiense-china, supuestamente avanzada, lista para ser probada en humanos, contiene células de fetos humanos abortados. Así lo ha descubierto el Dr. Alan Moy, fundador y director científico del Instituto de Investigación Médica Juan Pablo II, y también director general de Cellular Engineering Technologies. Además, según él, ya hay fuertes indicios de que la vacuna Ad5-nCoV, como se llama, no va a funcionar de todos modos.

La empresa china CanSino Biologics Inc. (CanSinoBIO) está trabajando con el Consejo Nacional de Investigación (NRC), la mayor organización federal de investigación y desarrollo de Canadá, en el desarrollo de la vacuna Ad5-nCoV corona. Tanto el NRC como CanSinoBIO se mostraron "orgullosos" de esta larga colaboración "para atender las necesidades sanitarias mundiales".

Medidas draconianas contra la vida

El Dr. Moy profundizó en la documentación de esta vacuna y descubrió "que utiliza un vector de replicación defectuosa de adenovirus y, por tanto, HEK293, que es una línea celular de fetos abortados". Según el NRC y CanSinoBIO, las células abortivas HEK293 patentadas "ayudan a avanzar en el proceso de producción de un candidato a vacuna" y proporcionan al mundo una vacuna "que funciona" mucho más rápido de lo normal.

No estoy celoso de los canadienses", dijo Moy. Su gobierno y su primer ministro han tomado medidas draconianas contra la vida... esta no es una buena solución para las vacunas, tanto si eres pro-vida como si eres pro-elección".

Fase 2: pruebas en humanos

La vacuna Ad5-nCoV se está desarrollando en China en colaboración con el Instituto de Biotecnología de Pekín, una institución del Partido Comunista. Se dice que es la primera vacuna contra la corona de "fase 2" del mundo, lo que significa que es lo suficientemente "segura" para ser probada en humanos.

Células abortivas en las vacunas vinculadas al cáncer, la leucemia y el autismo

En 2010 y 2014, estudios científicos independientes mostraron una relación entre las células de fetos humanos abortados y un mayor riesgo de autismo y leucemia. El año pasado, un laboratorio italiano descubrió que las células abortivas de una vacuna contra la varicela pueden provocar cáncer.

Índice de contenidos

¿El invierno más frío de 2021-20222?

La crisis energética creada intencionadamente dispara por completo el precio del gas natural y amenaza con empujar a millones de personas a la pobreza - El IPCC, una vez más, completamente desacreditado: La masa de nieve está 250 gigatones por encima de la media desde 1982

La disonancia cognitiva del clima en Occidente adopta formas cada vez más absurdas. En septiembre, los líderes europeos volvieron a prometer que -sin importar los costos astronómicos- terminarán rápidamente con las emisiones de CO2 para detener el calentamiento global. En contraste con esta narrativa, que empieza a sonar cada vez más como un cuento de hadas, está la realidad, ahora cada vez más dura, del enfriamiento global, causado por el nuevo mínimo solar y la coincidencia de todos los ciclos climáticos históricos, con los que el CO2 realmente no tiene nada que ver. El renombrado centro meteorológico ruso Phobos confirma ahora la predicción de que Europa se enfrenta a un "invierno extremadamente frío", y eso mientras los precios del gas están ya por las nubes durante esta crisis energética creada deliberadamente.

Todo el hemisferio norte debe prepararse para un clima invernal extremo, advierte Phobos. En Rusia, parece que esto ocurrirá especialmente a partir de principios de enero. Para Siberia se espera incluso el doble de nieve que la media, y para Moscú una cuarta parte más de lo normal. América del Norte, incluido Estados Unidos, puede prepararse para una repetición tras el frío récord del pasado invierno (702 muertes por el frío sólo en Texas) que podría ser aún más severa.

Se avecina un invierno muy severo

Mientras tanto, con este invierno probablemente muy severo que se avecina, Europa se enfrenta a una crisis energética cada vez más grave. El precio del gas natural ha subido decenas de veces, en algunas partes incluso un 250% y un 500%. En varios países, las fábricas han tenido que cerrar parte o la totalidad de sus operaciones. En Europa -uno de los dos principales exportadores de alimentos del mundo- uno de los mayores productores de cultivos comerciales de la región de Westland tuvo que apagar las luces, lo que no augura nada bueno para la estabilidad del suministro de alimentos.

En cualquier caso, el invierno ha empezado muy pronto. El hemisferio norte ya tiene 250 gigatoneladas más de nieve que la media de 1982-2012, lo que desmiente por enésima vez al panel climático (sin sentido) del IPCC de la ONU. Los Alpes también han visto una gran carga de nieve; el famoso paso de Stelvio en Italia recibió un paquete de 25 centímetros. Como resultado, la zona de esquí ya está abierta, al igual que otros 7 centros de deportes de invierno en Italia, Austria y Suiza. El glaciar de Stubai, en Austria, recibió más de 30 centímetros de nieve, al igual que Hintertux y Pitztal.

Según inthesnow.com, la línea de nieve en algunas zonas llegó a bajar de los 1.000 metros. En los Balcanes y en el centro de Italia, el mercurio baja esta semana hasta 16 grados por debajo de la temperatura media normal por la noche. Por cierto, también hace mucho frío en otros lugares del planeta: el Polo Sur, con una temperatura media de -61,1 C., acaba de pasar el invierno más frío jamás medido. En la base rusa de Vostok llegó a ser de -79,4 C. el 1 de octubre, también un récord (para ese periodo). También en Australia, Sudáfrica y amplias zonas de Sudamérica hace mucho frío.

Guerra al gas, las fábricas deben cerrar, los precios se disparan

La razón principal por la que los precios de la energía están ahora por las nubes es la guerra ideológica que la élite climática europea ha estado librando contra el gas natural durante años, como resultado de la cual las inversiones necesarias en infraestructura y almacenamiento no se han realizado o se han reducido. Las reservas de gas históricamente bajas que esto ha creado han hecho que ahora los precios se disparen en decenas o incluso cientos de puntos porcentuales, ayer en Gran Bretaña en cuestión de horas en unos 78p más hasta los 355p por unidad, muy por encima del récord anterior de 120p en 2018.

Los precios del gas natural han subido hasta un 500% este año gracias al (en muchos lugares históricamente) frío invierno de 2020-2021, al fracaso de las fuentes de energía "renovable" (eólica, solar) y al ya mencionado desmantelamiento deliberado paso a paso de la infraestructura estable del gas. Los precios desorbitados ya han obligado a varias plantas a cerrar o reducir su producción.

Esto tendrá un gran impacto en los precios al consumidor de muchos productos, e incluso en su disponibilidad. Por ello, muchos analistas temen un invierno desastroso, con escasez tanto de energía como de alimentos, que posiblemente provoque un gran número de víctimas.

Reiteramos que todo esto no es ciertamente accidental o "imprevisto", sino por diseño. La élite climática-vacuna occidental ha estado preparando meticulosamente esta crisis durante años, con la intención de destruir parcialmente la economía y hacer a la población lo más vulnerable y dependiente posible.

Al hacer que los combustibles "fósiles" sean escasos y extremadamente caros, quieren justificar las monstruosas inversiones en clima y energía que destruyen la libertad y la riqueza (el "Green New Deal") en "verde".

Con este ataque directo a nuestra estabilidad energética y a nuestros medios de vida, quieren conseguir que tanto los ciudadanos como las empresas ya no puedan oponerse a la Agenda-2030 "neoliberal" de la ONU, pero en realidad anarcocomunista, que es posible gracias al "Great Reset" del Foro Económico Mundial y sus lacayos políticos, a través de los cuales este partido se ha hecho con el control no sólo de los principales medios de comunicación y del poder judicial, sino también del mayor partido político).

¿Se despertará por fin la gente en masa el próximo invierno, cuando se muera de frío por fuera y por dentro (de una fuente aún no confirmada hemos oído que la factura del gas natural será una media de 900 euros más alta el próximo año, y eso presumiblemente sin el impuesto energético mucho más alto que planea el régimen) o se quedará completamente atascada en gruesas capas de nieve, que el cuento de hadas del CO2-calentamiento global sólo se inventó para dar a un pequeño club de globalistas una enorme riqueza, control y poder, a expensas de la libertad y el bienestar de la población ordinaria?

¿La tercera guerra mundial comienza en Taiwán?

¿Lograrán los estadounidenses, una vez más, iniciar otra gran guerra, tal vez la Tercera Guerra Mundial?

Funcionarios de Washington, según el Wall Street Journal, han admitido abiertamente que las fuerzas especiales estadounidenses han estado en Taiwán durante al menos un año para proporcionar entrenamiento, entre otras cosas. Hemos escrito muchas veces que la posible presencia de fuerzas militares estadounidenses en la isla es una provocación extrema que podría ser interpretada por China como un casus belli, o causa inmediata de guerra. El periódico estatal chino Global Times, portavoz del Partido Comunista (PCC), incluso escribe que la Tercera Guerra Mundial podría estallar "cualquier día".

En 1962, la Unión Soviética envió tropas y misiles a Cuba, que se encuentra a una distancia similar a la de Taiwán con respecto a la China continental. Los estadounidenses reaccionaron como una avispa y amenazaron con la Tercera Guerra Mundial, que se evitó por poco. Lo que hicieron los soviéticos hace poco menos de 60 años, lo hacen ahora los estadounidenses en Taiwán, apuntando a China.

¿Por qué sólo dos docenas de miembros? ¿Por qué en secreto? EE.UU. debería enviar abiertamente 240 soldados, con uniforme, y dar a conocer dónde están estacionados. Sólo hay que ver si el EPL lanza entonces un ataque aéreo selectivo para destruir a estos invasores estadounidenses" es la reveladora respuesta de Hu Xijin (medios de comunicación estatales chinos).

Taiwán: "China tendrá que pagar el precio

En las últimas semanas, como una seria advertencia, la fuerza aérea china ha entrado en numerosas ocasiones en la zona de defensa de Taiwán, a veces con docenas de aviones a la vez. Desde el pasado viernes, hasta 150 aviones chinos han violado los límites del espacio aéreo de Taiwán.

Por ello, los políticos y funcionarios taiwaneses hablan abiertamente de una guerra inminente, y parecen contar con el apoyo militar de Estados Unidos. El ministro de Defensa, Chiu Kuo-cheng, dijo que China "tiene la capacidad de atacarnos, pero tendrá que pagar el precio". Añadió que ese precio será "menor" en 2025, ya que entonces China podrá llevar a cabo una "invasión a gran escala".

¿Lograrán los estadounidenses desencadenar de nuevo una masacre?

Según el Global Times, la cooperación secreta entre Estados Unidos y Taiwán se ha vuelto tan "descarada" que casi no queda espacio para una solución diplomática, y una confrontación militar directa se ha vuelto casi inevitable. Como resultado, la Tercera

Guerra Mundial "podría estallar en cualquier momento", se escribe. Los medios de comunicación y los políticos chinos han advertido repetidamente en los últimos años que la presencia de tropas estadounidenses en Taiwán supone una línea roja que será un motivo inmediato para iniciar una guerra.

¿Logrará Washington, durante tanto tiempo el azote de este planeta, volver a poner en marcha otra gran matanza?

¿Nuestros ordenadores nos espían?

Analista informático: "Pronto no se podrá ejecutar, abrir, jugar ni leer nada sin el permiso de Microsoft

La vida es mejor juntos" es la forma en que Microsoft está promocionando la actualización de Windows 11 que se lanzó oficialmente ayer. Elimine ese "juntos" rápidamente, porque con este sistema operativo actualizado Microsoft en realidad le quita toda forma de privacidad y control sobre su propio PC. Windows-11 permite a Microsoft determinar qué programas puedes o no instalar en tu PC, a qué archivos puedes acceder, qué música puedes compartir e incluso qué correos electrónicos puedes leer. A partir de ahora, Microsoft no sólo VERÁ y registrará TODO lo que hagas, sino que puede -y lo hará- determinar tu comportamiento de forma cada vez más coercitiva.

Microsoft tiene una larga y dudosa historia con la destrucción paso a paso de la libertad y la autonomía de los usuarios de Windows. Durante años, la empresa se ha negado a dar a los usuarios una visión completa de lo que realmente hace el software y de la información que recoge. Mejor aún, dónde, cuándo y cómo te espía sin que lo sepas.

Espiar" puede sonar excesivo para algunos, pero Windows-11 requiere una cuenta de Microsoft previamente opcional. Cada cuenta de usuario está vinculada a ella, por lo que Microsoft puede relacionar el comportamiento completo de su PC con su identidad personal.

Confianza" se cambia por "Traición".

Incluso las personas que utilizan el viejo e ingenuo argumento de que "no tengo nada que ocultar" (pero mientras tanto cierran con llave las puertas de sus coches y casas, y desde luego no estarían contentas si sus conversaciones fueran vigiladas en secreto con micrófonos ocultos) deberían preguntarse ahora si es tan buena idea compartir automáticamente todos sus archivos personales y actividades informáticas con una empresa con una reputación tan dudosa en cuanto a la protección de la privacidad y el abuso digital.

Sin embargo, miles de ordenadores -incluso muy recientes- están resultando inadecuados para la actualización a Windows-11. En su ventana de actualización, ven el mensaje "Este PC no cumple actualmente todos los requisitos del sistema para Windows 11.

¿Cuál es ese requisito del sistema? Un pequeño chip dedicado (también virtual) en la placa base llamado TPM, 'Trusted Platform Module'. Si el TPM es controlado por el usuario de este PC, entonces se puede utilizar para una mayor encriptación y protección de la privacidad. Sin embargo, en manos de Microsoft, esta 'Confianza' parece cambiarse por 'Traición', o engaño, traición.

17

Microsoft podría empezar a determinar qué documentos se pueden abrir

Se espera que Microsoft utilice este mayor control para imponer un DRM (Digital Restrictions Management) aún más estricto en las aplicaciones y los medios de comunicación de su PC, de modo que pronto no podrá ejecutar, abrir o reproducir nada sin el permiso de Microsoft. A partir de entonces, tu ordenador "personal" ya no existirá, sino que tu PC ya no te obedecerá a ti, sino a Microsoft.

Si a Microsoft o al gobierno no les gusta lo que escribes en un documento, pueden emitir nuevas normas que indiquen a los ordenadores que no abran ese documento. Cada ordenador que cargue estas nuevas instrucciones las obedecerá. Y así, de forma orwelliana, tu documento desaparecería retroactivamente. Ni siquiera podrías leerlo tú mismo", advierte el analista Richard Stallman en GNU.org.

Es amargamente irónico que Microsoft llame "chequeo de la salud del PC" al programa que determina si su PC es apto para Windows-11", comenta la Fundación para el Software Libre, de 36 años. Nosotros replicamos que un PC sano respeta los deseos del usuario, ejecuta software libre y no restringe deliberadamente al usuario con métodos insidiosos (lett. informática). Un PC así tampoco enviaría nunca las claves de cifrado del usuario a los altos cargos de la empresa". Sin embargo, con

Windows-11, todos los usuarios están obligados a hacerlo.

Elija la libertad digital y la autodeterminación

Ningún programa que no se pueda copiar, modificar o compartir puede unir a la gente de la manera que afirma Microsoft. Afortunadamente, a la vuelta de la esquina, hay una verdadera comunidad de usuarios a la que tú y tus seres queridos podéis uniros. ¿Qué puede hacer? Decidir dejar de usar Windows y ayudar a un amigo a instalar GNU/Linux. Al hacerlo, enviará a Microsoft un poderoso mensaje de que el sometimiento de sus usuarios no debe tener cabida en Windows".

'Puedes optar por sustituir Windows por un sistema operativo construido a partir de software libre como Trisquel, u otras versiones del sistema operativo GNU/Linux. Si tienes algún problema o consejo para ayudar a otros con esto, esperamos que nos des tu opinión en nuestra campaña de la escalera de la libertad.'

'Esperamos que aprovechen la oportunidad de un gran cambio eligiendo un software que fomente la comunidad y la colaboración, en lugar de las restricciones. Dejemos de caer en la trampa de las mejoras superficiales a corto plazo del software privativo que parece mejorar la vida, y elijamos en cambio el software libre, el único que apoya las mejores versiones de nosotros mismos', concluye la Fundación para el Software Libre.

¿Privacidad? Entonces Linux

En 2030 no poseerás nada y serás feliz", reza un infame eslogan del FEM de Klaus "Great Reset" Schwab. Con Windows-11 se da un paso de gigante hacia esto al eliminar toda forma de privacidad y (casi) todo control sobre tu propio PC. De seguir así, no será 2030 sino 2025 el año en el que ya no poseas absolutamente NADA que no esté bajo el control total del gobierno y de las Grandes Tecnologías.

Para las personas que todavía valoran el término "privado" y quieren decidir por sí mismas qué tipo de música comparten, qué escriben en un correo electrónico o qué tipo de sitios web visitan, y no quieren ningún secreto de los ojos indiscretos de Microsoft, sólo hay una cosa que hacer: Tirar Windows a la basura y pasarse a GNU/Linux. (Mientras no lo prohíban nuestros gobiernos cada vez más autoritarios).

A pesar de los años de desarrollo, el libre, estable y seguro Linux sigue teniendo un gran inconveniente: no todos los programas de software existentes funcionan (bien) en él. Es posible que los desarrolladores de Linux puedan resolver estos problemas en los próximos 2 o 3 años, de modo que Linux se convierta finalmente en una alternativa de pleno derecho para todos. Para las personas que sólo utilizan su PC para navegar por Internet, enviar correos electrónicos y procesar textos de forma ligera, Linux Mint ya es una buena opción (y de hecho ya es la mejor). Si usas muchos otros programas, es cuestión de probarlo.

Todavía hasta 2025

Microsoft sigue ofreciendo actualizaciones y soporte para Windows-10 hasta al menos 2025, aunque hay que preguntarse hasta qué punto las garantías de esta empresa tan poco fiable siguen valiendo algo. Al menos en Tweakers.net hay un plan paso a paso para saltarse los requisitos del sistema de Windows-11 (incluyendo la odiada cuenta obligatoria de Microsoft, para mí personalmente un punto de ruptura). Sin embargo, esto puede causar un sistema inestable y posiblemente no funcional.

Espera las predecibles declaraciones oficiales y desmentidos de Microsoft en la línea de "es por tu propia seguridad, y realmente, no abusaremos de esto para tener acceso ilimitado a tu PC. Puedes confiar en nosotros. De verdad".

¿La próxima estafa plandémica?

En 2009, el Wall Street Journal informó de una reunión de los principales multimillonarios, como Bill Gates, Warren Buffett, David Rockefeller, George Soros, Ted Turner, Michael Bloomberg y Oprah Winfrey, que en aquel momento seguían abogando abiertamente por la reducción sustancial de la población mundial. En los años siguientes, Gates señaló durante sus conferencias públicas lo que consideraba el método perfecto para eliminar miles de millones de personas "innecesarias" de este planeta: las vacunas. Ya estamos en 2021 y estos elitistas que se sienten por encima de los demás y de toda ley y moral parecen haber comenzado realmente su plan de despoblación masiva del planeta. Un gerente de un hospital universitario irlandés advierte en un vídeo que las "vacunas" para la próxima pandemia planeada (ya anunciada por Gates el año pasado) ya están listas, y matarán a miles de millones de personas.

El ingeniero Kieran Morrissey, de 61 años, lleva 22 años trabajando en un importante hospital universitario de Dublín. Allí he adquirido un amplio conocimiento del sistema sanitario irlandés". Comienza diciendo que nunca ha sido antivacunas, y que siempre ha tomado las conocidas y obligatorias inyecciones.

Hija con trastorno inmunológico grave por la vacuna del VPH

Hace diez años, su hija desarrolló un grave trastorno autoinmune tras recibir la vacuna contra el VPH Gardasil. Admite que entonces se le pagó dinero por silencio en forma de estatus médico y tratamientos especiales para su hija a los que normalmente no tendría derecho.

Hace dos años la trasladaron al hospital de adultos. El médico de consulta de allí estaba muy satisfecho con su recuento sanguíneo y su estado general, y lo atribuyó a los medicamentos que estaba tomando. Entonces, su hija reconoció que no los tomaba desde hacía un año. Desde que dejó de tomarlos "está muy sana y no tiene problemas".

Morrissey empezó entonces a dudar de la utilidad de las vacunas. Dejó de vacunarse contra la gripe. Desde entonces no he tenido ninguna gripe".

Las vacunas se contaminan con metales pesados y causan enfermedades

'Durante mi reciente investigación en inmunología y virología para entender mejor lo que ocurre con estos virus y las vacunas que imponen, descubrí un artículo de enero de 2017' sobre vacunas contaminadas con nanopartículas. Los científicos en cuestión analizaron 44 vacunas diferentes desde 2004. 'Descubrieron que estas vacunas estaban contaminadas con nanopartículas inorgánicas, incluyendo partículas de metales pesados (como aluminio, plomo y hierro).'

'Esto me llevó a creer que las vacunas son responsables desde hace años de reacciones inmunitarias que pueden manifestarse como gripe y otras enfermedades. Cuantos más síntomas de estas enfermedades, más vacunas se administran para intentar prevenirlas. Esto me parece una especie de espiral sin fin entre las vacunas y las enfermedades. Las vacunas causan enfermedades, y las enfermedades provocan aún más vacunas. Esto es algo que debemos investigar con mucho cuidado".

Durante mi investigación, descubrí algo aún más inquietante. En abril, Bill Gates / GAVI publicó un artículo en su página web en el que afirmaba que Marburg será la próxima gran pandemia. Marburg es una fiebre hemorrágica (= con sangrado) relativamente rara. En 2005, sólo hubo 16 casos. ¿Qué saben Bill Gates y GAVI que nosotros no sepamos? ¿Por qué debería ser una amenaza? ¿Por qué la OMS y los principales medios de comunicación publican artículos sobre esta rara enfermedad?

La próxima prueba PCR (falsa) ya está lista

Descubrí que incluso ya han desarrollado una prueba PCR para ello. Esto es muy preocupante, porque ahora pueden 'demostrar' con esta prueba al igual que con el Covid que cualquiera puede tener Marburg. Al igual que con la actual prueba PCR para el Covid, será difícil de refutar".

Morrissey también se encontró con documentos que afirmaban que el Marburgo se contagia de forma asintomática a través de los murciélagos, algo que se desmintió durante la pandemia de Covid. Si no tienes síntomas, no tienes un virus (contagioso), y por lo tanto no puedes propagarlo asintomáticamente. No existe el contagio asintomático de un virus. Eso ya está aceptado. Sin embargo, se han publicado artículos en los que se afirma lo contrario".

La vacuna RiVax contiene ricina

Lo que más me preocupa es el rápido desarrollo de una vacuna contra Marburgo llamada RiVax. Esta contiene ricina, una sustancia tóxica que se utilizó en el ataque terrorista del metro de Tokio que mató a un gran número de personas". La ricina es una proteína tóxica que puede causar dificultades respiratorias y, eventualmente, la muerte. '¿Por qué ponen algo tan peligroso en una vacuna? Esto es muy extraño, excéntrico y preocupante', especialmente a la luz de la proteína patógena de la espiga, la parte más peligrosa del virus SARS-CoV-2, que ahora se produce en los cuerpos de miles de millones de vaxxers.

El fabricante de RiVax afirma que ha eliminado la toxicidad de la ricina. Al mismo tiempo, también sostiene que el aluminio es un aditivo "seguro" en las vacunas, a pesar de que numerosos estudios lo han cuestionado desde hace tiempo. El aluminio, por ejemplo, se ha relacionado durante décadas con trastornos metabólicos y alteraciones renales y cerebrales, como la enfermedad de Alzheimer.

'Sangrado y coágulos de sangre por las inyecciones de Covid, pero la culpa es de Marburg'

¿Cómo se inicia esta pandemia?", continúa Morrissey. '¿Cómo propagan el Marburg? Muy sencillo, ya lo han empezado. Los daños de la vacuna que estamos viendo ahora por las inyecciones de Covid incluyen hemorragias y coágulos de sangre. Eso es muy parecido a la fiebre hemorrágica.

¿Pfizer estafa a la industria?

Un bioquímico de Pfizer: "Trabajo para una empresa malvada que ahora funciona con el dinero de Covid" - "Nos inculcaron que no habláramos con nadie de esto" - ¿Interrupción de Facebook ensayo general de un ciberataque de falsa bandera?

El renombrado y nunca antes desacreditado equipo de periodistas de investigación del Proyecto Veritas puso en línea la cuarta parte de una serie de videos que exponen la pandemia de la corona con sus inútiles e incluso peligrosas 'vacunas'. Los científicos de Pfizer admiten cándidamente que los anticuerpos del sistema inmunitario natural de cada persona son mejores que sus propias "vacunas".

Nick Karl es un experimentado bioquímico de Pfizer, y se ha labrado una carrera en la industria farmacéutica. Karl admite al periodista encubierto de PV que los que han tenido Covid tienen una inmunidad más fuerte que los que han recibido las vacunas de Pfizer.

Karl: "Si alguien tiene inmunidad natural, si ha tenido Covid, entonces probablemente tenga mejores, no mejores, sino más anticuerpos contra el virus. Porque lo que la vacuna es, como he dicho, es esa proteína (pico) - que es sólo el exterior. Es sólo un anticuerpo contra una parte específica del virus".

Esto es lo que, por ejemplo, el profesor holandés (em.) de inmunología Pierre Capel ha estado gritando desde el año pasado, pero que nadie en el gobierno y los medios de comunicación quería escuchar. (Todavía no lo hacen, y eso es porque, como se sabe, se está llevando a cabo toda otra agenda).

Karl: "Si te contagias el virus, vas a producir anticuerpos contra múltiples partes del virus. Y no sólo esa parte exterior, sino la parte interior, el virus real. Así que tus anticuerpos son probablemente mejores que los de la vacuna en ese sentido".

'Hacen que las personas no vacunadas se sientan lo más incómodas posible'

'Tengo específicamente.... oh no, he firmado NDAs (acuerdos de no divulgación) para esto'.

Por ejemplo, la ciudad necesita pases de vacunas y demás. El punto es hacer que sea tan incómodo para las personas no vacunadas que en algún momento digan 'oh, qué diablos, voy a tomar la (vacuna)'. ¿Entiendes?

Periodista de PV: "¿Qué quieres decir?

Karl: "Bueno, si restringes a las personas no vacunadas de hacer nada en absoluto, y dejas que las personas vacunadas hagan lo que quieran, entonces eventualmente se vacunarán".

El científico Croce: "Trabajo para una empresa malvada que ahora funciona con el dinero de Covid

Otros dos científicos de Pfizer lo confirman.

Periodista de PV: 'He tenido Covid, y tengo giga inmunidad después de 8 meses. El mes pasado me hice una prueba de anticuerpos".

Croce 'No hay problema. Lo mismo con mi hermano'.

Periodista de PV: "¿Tengo que vacunarme entonces?

Croce: "Espera... hasta que tu inmunidad baje".

Periodista de PV: '¿Así que estoy bien protegido (ahora que me he recuperado de Covid)?'

Chris Croce, científico asociado senior de Pfizer: "Sí".

Periodista de PV: "¿Tanto como la vacuna?

Croce: "Probablemente más".

Periodista de PV: "¿Por qué, cuánto más que?

Croce: "Es muy probable que esté protegido durante más tiempo porque hubo una reacción natural (inmunitaria)".

A continuación, Croce admite que "Delta" no es realmente la causa del aumento del número de enfermos, sino la disminución del número de anticuerpos en los vacunados.

'Quiero decir que sigo sintiendo que trabajo para una empresa malvada. Intentan hacer un seguimiento de todas las personas que se vacunan frente a cuántas se declaran realmente... De hecho, nuestra organización funciona ahora con el dinero de Covid. No hablas de nada que pueda incriminarte a ti o a Big Pharma. Incluso cuando cierras la puerta de tu oficina, te preguntas quién está escuchando".

Hay varias empresas a las que se les acaba de dar una gran cantidad de dinero para producir vacunas y sacarlas adelante". Cuando se le preguntó, por ejemplo, qué ocurre con otros tratamientos (como con los anticuerpos), respondió: "Se dejan de lado".

Periodista de PV: "¿Por qué?

'El dinero. Es asqueroso'.

'Están tratando de conseguir sus números (personas vacunadas), pero todavía no debería tener que demostrar nada (vaxpas, etc.). En mi opinión, esto es una violación de la ley de salud/privacidad. Nadie tiene derecho a preguntarte si estás vacunado. Es una invasión de tu privacidad, y no puedo estar más de acuerdo".

Khandke, científico de Pfizer: 'Nos inculcaron no hablar de esto'

Rahul Khandke, científico de Pfizer: 'Nos inculcaron que la vacuna es mejor que el Covid. No se puede hablar de esto... no es público. No te imaginas a cuántos seminarios tuvimos que asistir sobre esto. Durante horas tuvimos que escuchar que no se nos permitía hablar de esto con otras personas'.

'Si has acumulado anticuerpos, deberías ser capaz de probarlo. No es una locura'.

Ensayo general de un ciberataque de falsa bandera en el FEM.

Revelaciones como estas acercan cada vez más el ciberataque de falsa bandera del FEM, entre otros, del que venimos advirtiendo regularmente desde el año pasado. Dado el rápido crecimiento de la conciencia mundial sobre el gigantesco y criminal engaño de la corona/Covid/vax de la élite política y farmacéutica, puede que vean el cierre de Internet como su única opción para detener ese proceso y mantenerse en el poder un poco más. Por lo tanto, es bastante concebible que el fracaso de ayer de Facebook y Whatsapp fuera una especie de ensayo general.

¿Deformación del ADN?

Esto no es una vacuna. Se trata de una alteración genética". Además, los bebés nacidos en EE.UU. sufren horribles deformaciones (2.000 abortos espontáneos oficiales, casi tantos como los provocados por todas las demás vacunas en los últimos 30 años sumadas, pero las inyecciones se siguen recomendando a las mujeres embarazadas).

El canal de televisión turco Beyaz asistió a una rueda de prensa en la que se mostraron fotos de bebés que vinieron al mundo terriblemente deformados después de que sus madres fueran inyectadas con las "vacunas" Covid de Pfizer y Moderna. Los niños han nacido con un ojo y una cola. Esto no es una vacuna. Se trata de una alteración genética", declaró el presidente del Partido del Bienestar Turco (Refah), Fatih Erbakan, que estaba acompañado por tres médicos.

Fotos de niños con varios brazos y piernas, o con un solo ojo, o con el cuerpo completamente afectado y cubierto de pelo. Erbakan: 'Esto no es una vacuna real. Esto es ingeniería genética". Muestra una fotografía. Aquí se ve a un bebé que nace con una cola, un defecto genético. Aquí un bebé con la piel de un animal. Aquí un bebé con cuatro piernas y tres brazos... Científicamente, esto se llama terapia genética".

Erbakan contó con el apoyo de médicos clínicos, entre ellos el profesor especialista en neurocirugía Dr. Serhat

Findikli. 'Esta tecnología también puede utilizarse terapéuticamente, pero tiene una estructura diferente y provoca mutaciones, como los bebés con cola, con cuatro piernas y tres brazos. Es un arma".

El Ministerio de Salud de Japón confirmó recientemente que se encontraron sustancias extrañas en las "vacunas". Se descubrió que 1,6 millones de dosis de la "inyección Moderna" estaban contaminadas con una sustancia magnética (nanotecnológica) desconocida, que también se ha encontrado en las inyecciones de Pfizer / BioNTech y J&J en Estados Unidos, España y Alemania.

El líder de la oposición ha discutido los documentos que prueban sus afirmaciones con científicos, continúa la emisora. Erbakan dice que quiere compartir estas pruebas "con 83 millones (de turcos). Enfrentémonos a estos hechos. Seamos sinceros. Tenemos pruebas e innumerables documentos'.

ESTADOS UNIDOS: Un número sin precedentes de abortos, pero se siguen inyectando embarazos

En los Estados Unidos, la base de datos VAERS registra oficialmente 1969 abortos espontáneos como resultado de las inyecciones de Covid. Esta cifra es casi tan elevada en tan solo 10 meses como los 2183 abortos espontáneos producidos en los más de 30 años anteriores por todas las demás vacunas juntas. A pesar de ello, los CDC aconsejan a las mujeres embarazadas que se limiten a recibir estas inyecciones porque se dice que son "seguras".

La Dra. Jessica Rose, experta en estadística, ha analizado recientemente la base de datos del VAERS y ha llegado a la conclusión de que las cifras publicadas en los medios de comunicación deben multiplicarse por 41 para obtener las cifras reales. Eso significaría que el número real de mujeres estadounidenses que han sufrido abortos espontáneos gracias a la "vacuna" Covid supera ya las 80.000.

Una de las víctimas es Alexandra Lagile, que en marzo respondió con entusiasmo en su Facebook a los estudios científicos "preliminares" que afirman que las inyecciones de Covid son seguras, y que las madres pasan los anticuerpos formados a sus bebés a través de la sangre del cordón umbilical y la leche materna.

La doctora Sara Beltrán Ponce (formación en oncología radioterápica) tuiteó el 28 de enero que estaba embarazada de 14 semanas y que estaba "totalmente vacunada" desde ese día. Pocos días después, sufrió un aborto. En las redes sociales, no hizo ninguna relación con su inyección, ya que lo más probable es que hubiera supuesto el fin de su carrera como médico.

Joseph Mengele se imaginaría en el paraíso en 2021

En la Haya política y en los medios de comunicación dominantes, la gente se pone los dedos en las orejas en

cuanto alguien hace cualquier comparación con los años
30 y 40. Y tal vez esa comparación no sea suficiente
para los nazis. Al fin y al cabo, el Dr. Joseph Mengele se
habría creído en un verdadero paraíso si hubiera vivido
hoy. Sus experimentos con personas debían realizarse
detrás de las alambradas, en secreto en la medida de lo
posible, y sólo con miembros de grupos minoritarios
como judíos, gitanos y homosexuales a los que se había
despojado de toda su humanidad.

¿Pero ahora? El alambre de púas ya no es necesario,
porque ahora todos los humanos han sido declarados
de antemano como "Untermenschen", seres vivos
hábilmente despojados de toda espiritualidad y forma
superior de conciencia. Todas las personas parecen
haber sido reducidas a animales en los que se pueden
inyectar sustancias experimentales a voluntad, con
horribles consecuencias en todo el mundo.

Estos experimentos también son apoyados, promovidos
e impuestos a la fuerza por la élite política gobernante,
que, especialmente en Occidente, cuenta con el pleno
apoyo de unos medios de comunicación dominantes en
los que se ha prohibido toda forma de periodismo
crítico, y que declaran que todo lo que se desvíe de la
narrativa de la élite es una "descabellada teoría de la
conspiración", sin importar cuántas pruebas haya de
ello.

(Así que en Turquía, a pesar de que hay varios
periodistas encarcelados, parece haber más libertad de

prensa que aquí, donde la prensa establecida parece completamente corrompida. Los periodistas auténticos han tenido que recurrir a los medios de comunicación libres alternativos, porque en los medios convencionales cualquier crítica está prohibida y sustituida por la propaganda gubernamental (de mentira) sin adulterar).

¿Es el espíritu que se apodera ahora de la humanidad el más perverso de todos?

En 1946, la Segunda Guerra Mundial se cobró un total de entre 70 y 85 millones de vidas. Ahora el número de víctimas bien podría ser muchas veces mayor, ya que varios miles de millones de personas -incluso niños y mujeres embarazadas- ya están participando en este experimento médico con su salud y sus vidas. A muchos de ellos se les ha lavado tanto el cerebro que, sin tener en cuenta los daños permanentes o incluso mortales para su propia salud o la de sus seres queridos que se producen regularmente de forma casi inmediata, siguen negándose sin reservas a culpar a la "vacuna". Peor aún, muchas de estas personas exigen que se obligue a todos los demás a inyectarse también.

Mi propia conclusión, entonces, es que el espíritu que ahora se ha apoderado de la gran mayoría de la humanidad es más oscuro y diabólico que el espíritu que inició la Segunda Guerra Mundial y el Holocausto hace 80 o 90 años, y puede incluso ser el más malvado de toda la historia de la humanidad, porque las cosas

más horribles se consideran ahora "normales" (la luz se
llama oscuridad, y la oscuridad se llama luz).

Los próximos años mostrarán si esta valoración era muy
exagerada o se acercaba a la verdad. Personalmente,
sigo esperando lo primero.

¿Manipulación del Gobierno?

Así es como el gobierno y los medios de comunicación manipulan las cifras: Los recién vacunados que necesitan ser hospitalizados se cuentan como "no vacunados

Lo que los científicos críticos y otros expertos han estado advirtiendo durante todo el año parece haberse hecho realidad. Un proyecto especial del Departamento de Defensa de Estados Unidos dirigido por la inteligencia artificial ha analizado los datos de 5,6 millones de personas mayores de 65 años. No sólo confirma que la supuesta eficacia de las "vacunas" Covid desaparece al cabo de unos meses, sino que también muestra que los vaxxers se han vuelto mucho más vulnerables, y que ha comenzado entre ellos la temida oleada de ADE (Antibody Dependant Enhancement). De hecho, la gran mayoría de las personas que requieren hospitalización están totalmente inyectadas.

Las cifras del "Proyecto Salus", impulsado por la Inteligencia Artificial, que el Ministerio de Defensa está llevando a cabo en colaboración con el JAIC (Centro Conjunto de Inteligencia Artificial), son francamente alarmantes, y echan por tierra el cuento de hadas que también proclaman los políticos europeos de que existe una "pandemia de personas no vacunadas". Cada semana hay más personas totalmente vacunadas que enferman gravemente.

Esto encaja con el patrón de las reacciones ADE predichas, que son causadas precisamente por las "vacunas" porque se ha demostrado que hacen más vulnerable al sistema inmunológico humano, algo que tanto la revista Journal of Infection, el eminente experto en vacunas Dr. Geert Vanden Bossche y también los investigadores de Erasmus y Radbouw advirtieron en el verano.

Las vacunas reavivan el brote p(l)andémico

Los datos demuestran que la supuesta eficacia de las inyecciones empieza a desaparecer tras un periodo de sólo 2,5 a 6 meses (como predijo el prestigioso MIT en mayo de 2020 y ha confirmado recientemente el University College de Londres) y que el brote p(l)andémico se reaviva y acelera precisamente por las 'vacunas'. El 7 de agosto, cerca del 60% de los mayores de 65 años hospitalizados con la variante 'Delta' estaban totalmente 'vacunados'. Dos semanas después, ese porcentaje ya había subido al 71%. Muchos de ellos acabaron en la UCI.

Tanto las "vacunas" de Pfizer como las de Moderna, que son las más utilizadas con diferencia, muestran el mismo patrón de rápido aumento del número de infecciones "de ruptura" (= fracaso de la "vacunación"). Las estadísticas son inexorables: ambas inyecciones provocan cada vez más enfermos. El 21 de agosto, el 71% de los nuevos casos de "Covid" en el hospital eran este tipo de infecciones "de ruptura".

Los enfermos recién vacunados se cuentan entre los "no vacunados

Hay que tener en cuenta que el documento reconoce que las personas "vacunadas" sólo se cuentan como tales dos semanas después de sus inyecciones. Esto significa que las personas que terminan en el hospital entre 0 y 14 días como resultado de su "vacunación" serán contadas como "no vacunadas" en las estadísticas. Este método de cálculo manipulador y engañoso, presumiblemente utilizado también en Europa, está diseñado para ocultar al público el desastre que están causando estas inyecciones, de modo que se pueda culpar falsamente a las personas "no vacunadas".

Esto implica que el porcentaje de enfermos y muertos de Covid "totalmente vacunados" es sustancialmente mayor que el 71%, y es más probable que sea del 80% o el 90%. Debido al falso método de registro descrito, no se puede afirmar una cifra exacta, pero una emisión reciente del canal de televisión israelí Kann News descubrió, basándose en las estadísticas del gobierno, que el 94% de los mayores de 60 años que ahora reciben Covid están totalmente vacunados.

Las minorías son especialmente vulnerables; la resistencia natural es mucho más eficaz

Una posible explicación del hecho de que en EE.UU. especialmente los nativos americanos inyectados (+50%), los hispanos (+40%) y los negros (+25%) tengan un riesgo sustancialmente mayor es que tienen un mayor número de receptores ACE2 en sus órganos. Por lo tanto, algunos analistas creen que la proteína de la espiga, tal y como la producen las inyecciones de terapia génica Covid, es un arma biológica eugenésica diseñada para adelgazar a ciertas minorías en particular (entre los estadounidenses de raza negra se da la mayor resistencia a las inyecciones de Covid).

Otros factores que hacen que las personas vacunadas tengan más probabilidades de acabar en el hospital son la obesidad, la insuficiencia renal (ESRD), la enfermedad hepática crónica y las personas que reciben quimioterapia.

Los datos también muestran que las personas que han desarrollado una resistencia natural tras una infección por el virus de la corona tienen un riesgo significativamente menor de acabar en el hospital. Esto confirma estudios científicos como el realizado recientemente en Israel, según el cual la inmunidad natural, sin "vacunación", proporciona una protección entre 13 y 27 veces mayor.

¿Cuántas víctimas más causarán estas inyecciones?

Pero incluso si la vacuna se aprueba y las inyecciones se eliminan de todos modos, será demasiado tarde para muchos. Al fin y al cabo, la mayoría de la gente ya ha recibido sus inyecciones, y ahora que la temida oleada de ADE parece haber comenzado incluso según este análisis oficial, los científicos y médicos independientes se guardan en el corazón lo que ocurrirá 9 meses, 12 meses y 18 meses después de estas inyecciones de terapia génica experimental tan controvertidas.

Mientras tanto, ¿seguirán los médicos mintiendo al público sobre la "seguridad" de estas vacunas y el número de "muertes por Covid", como se les ha ordenado hacer en Estados Unidos, por ejemplo? En cualquier caso, una doctora norirlandesa que reveló que incluso en "su" hospital casi todos los enfermos graves estaban completamente vacunados fue inmediatamente despedida.

Eso por no hablar de los cientos de miles de víctimas en Occidente que ya han sufrido trombosis (que han provocado infartos y hemorragias cerebrales, entre otras cosas), ni de las muertes identificadas por los patólogos como consecuencia de los aditivos nanotecnológicos encontrados en Japón, España, EE.UU. y Alemania en todas las grandes "vacunas", de las que ahora se puede decir, sin lugar a dudas, que causan un inmenso daño al sistema inmunitario humano.

Abogados como Thomas Renz, Reiner Fuellmich, entre otros, creen por tanto que los fabricantes -que mediante un engaño flagrante obtuvieron el permiso para sus fallidas inyecciones- , las agencias, los científicos, los médicos y los políticos que a pesar de todos los datos científicos imponen estas inyecciones a la población con medidas cada vez más duras y fascistas deberían ser procesados por fraude probado, participación en un sindicato del crimen organizado (= la secta globalista de la vacunación climática en torno a la OMS, el FEM y GAVI/Bill Gates) y por cometer gravísimos crímenes (de guerra) contra la humanidad, que se encamina a un genocidio absoluto.

¿Nanopartículas?

Renombrados científicos alemanes se preguntan ahora en voz alta si las inyecciones de Covid-19 han abierto "la caja de Pandora" - "Las partículas de la vacuna destruyen órganos como el hígado, los pulmones y la tiroides" - cardiólogos alemanes: Muchos de los afectados por la miocarditis morirán en 10 años

El 20 de septiembre se celebró una conferencia de patólogos y científicos del renombrado Instituto de Patología de Reutlingen (Alemania). Se ha producido un gran revuelo por el descubrimiento de lo que se asemeja a virutas microscópicas en los cuerpos de 8 personas que murieron por inyección de Covid-19. Estos "chips" parecen haberse formado en el cuerpo DESPUÉS de la inyección a partir de las nanopartículas inyectadas, que se han encontrado recientemente en TODAS las vacunas Covid en los Estados Unidos. Esto confirma las investigaciones anteriores de varios científicos y otros expertos, que observaron bajo el microscopio que se han introducido sustancias extrañas, objetos e incluso organismos en las vacunas Covid, que parecen ser "autopensantes" de alguna manera y después de algún tiempo comienzan a formar estructuras que se asemejan a algún tipo de sistema operativo.

Los patólogos en cuestión son alabados científicos alemanes del Instituto Estatal de Patología. Por lo tanto, los "gravísimos" resultados de sus investigaciones deben tomarse muy en serio.

Componentes metálicos encontrados en Alemania, Austria, Estados Unidos y Japón

Los profesores Dr. Arne Kurkhardt (más de 150 publicaciones sobre el tema; catedrático en Hamburgo, Berna y Tubinga, y profesor visitante en Japón, EE.UU., Corea, Suecia, Malasia y Turquía) y Dr. Walter Lang (director del Privatinstitut für Pathologie de Hannover durante 25 años, entre otros) confirmaron, tras los análisis de tejidos, las conclusiones del profesor Dr. Peter Schirmacher, que estableció una relación causal directa en aproximadamente un tercio de más de 40 personas que murieron en las dos semanas siguientes a su inyección de Covid.

Es decir, se podría demostrar directamente que estas personas han muerto como consecuencia de las "vacunas". Lo mismo puede ocurrir con las demás muertes, pero es más difícil demostrar una relación causal a pesar de la alta probabilidad.

En una conferencia de prensa también se comentaron los resultados de un equipo de investigación austriaco, que llegó a las mismas conclusiones que los científicos de Japón y Estados Unidos. Las "vacunas" contienen compuestos metálicos inexplicables, que destacan por sus formas inusuales.

La población puede estar en peligro; es necesaria una acción judicial y política inmediata".

45

Los patólogos alemanes afirman que los resultados, extremadamente inquietantes, deben conducir inmediatamente a una acción "jurídica y política", para que se pueda determinar el verdadero alcance del peligro para la población de las inyecciones de Covid-19.

Esto debería incluir la búsqueda de signos de reducción de la fertilidad y el desarrollo de cáncer "debido a los cambios genéticos del ARN viral" en el cuerpo humano. 'Debería considerarse la suspensión de las vacunas Covid-19'.

¿La caja de Pandora?

En su documento oficial, los profesores mencionados son más explícitos: "Vacunas Corona - ¿Caja de Pandora?" señalan que varias de una completa lista de causas de muerte demostradas por las inyecciones son muy típicas de una infección viral. (Esto apunta de nuevo a la pregunta que nos hemos hecho muchas veces: ¿es la 'VACUNA' el verdadero virus?)

Sin embargo, las ya muy discutidas lesiones cardíacas inducidas por las inyecciones de Covid, miocarditis, epicarditis y pericarditis, son "difícilmente reconocibles macroscópicamente", y son "a menudo malinterpretadas histológicamente como un infarto", ya que puede haber ocurrido un "segundo de muerte cardíaca", que es difícilmente comprobable después. (Por lo tanto, el número real de víctimas que desarrollan una enfermedad cardíaca y/o mueren a causa de su inyección de Covid es muy probablemente mucho mayor).

En este sentido, también señalan un inquietante informe de agosto de 2020 de cardiólogos alemanes, que advertían de que "muchos" de los que han tenido miocarditis y ahora han sobrevivido seguirán muriendo dentro de 10 años porque sus corazones han quedado dañados de forma permanente.

Las partículas de la 'vacuna' devastan los órganos

En las víctimas de la vacuna Covid se encontraron además daños debidos a reacciones y enfermedades autoinmunes. Las partículas de la "vacuna" (mRNA / nano / otras) penetran en órganos importantes (como el hígado, los pulmones, las glándulas tiroideas), que se destruyen de forma gradual (pero en algunos casos muy rápidamente).

El sistema inmunológico en general recibe un golpe significativo (permanente) de las inyecciones de todos modos. (Como sugerimos recientemente: los fabricantes de productos farmacéuticos parecen querer desactivar completamente tu sistema inmunológico y reemplazarlo con sus inyecciones, de las cuales tienes que obtener una nueva cada pocos meses si quieres sobrevivir. O, en otras palabras, EL modelo de negocio del milenio).

Fotografías de "¿microchips?"; "¿óxido de grafeno?

Aún más aterradoras son las observaciones y fotografías de numerosas sustancias y estructuras extrañas encontradas en las inyecciones de Covid, no sólo en Alemania, sino antes en Japón, España y Estados Unidos.

¿Microchips?", preguntan los patólogos. "¿Grafeno / óxido de grafeno? De todos modos, se encontraron minerales y metales desconocidos (compuestos de aluminio y partículas de acero inoxidable). (Todos ellos podrían servir como superconductores para un sistema operativo programable y personalizable). Se ha demostrado que estas partículas extrañas causan embolia pulmonar en algunas de las muertes por la vacuna Covid investigadas.

La denuncia de las víctimas de la vacuna está muy reprimida

Los profesores-patólogos escriben que los certificados de defunción en los que no se menciona ninguna vacuna deben considerarse "sin valor". Los familiares implicados guardan silencio por consternación". (Muchos no pueden creer que sus seres queridos hayan muerto gracias a una "vacuna" promovida e impuesta por el gobierno. Además, los médicos niegan cualquier relación, incluso si alguien murió sólo horas o minutos después de la inyección).

Además, "los médicos tratantes y los fiscales no están motivados" para reconocer y averiguar la conexión. Lo de "no motivados" es claramente un eufemismo. Al igual que en Europa, las autoridades alemanas hacen todo lo posible para suprimir y negar cualquier conexión entre estas inyecciones y las víctimas. Esto implica a menudo el uso de duras sanciones con consecuencias de gran alcance para los médicos, los médicos y los científicos involucrados. Como resultado, las autopsias se rechazan rotundamente con una regularidad similar a la de un reloj.

Las consecuencias: más de 26.000 europeos ya están oficialmente MUERTOS

El documento concluye con el ex presidente del Tribunal Constitucional alemán, Andreas Vosskuhle, escribiendo en un artículo de opinión en un periódico alemán que "aquellos que no quieran vacunarse deben asumir las consecuencias". La reacción de los profesores: 'HECHO: Los que quieren vacunarse también deben asumir las consecuencias'.

Y esas consecuencias, hasta el 25 de septiembre, ya han supuesto la MUERTE para más de 26.000 ciudadanos de la UE, y daños a la salud para casi 2,5 millones, de los cuales 1,17 millones son graves/permanentes (como discapacidades). Entonces estamos hablando sólo del monitor oficial de la EMA/EudraVigilancia, que históricamente sólo incluye un porcentaje limitado del número real de víctimas. Un experto en estadísticaanalítica recientemente expuso el caso a partir de las cifras oficiales de la FDA y los CDC de EE.UU. de que ha habido al menos 150.000 muertes en los EE.UU. sólo por la vacuna de Pfizer.

Por lo tanto, el Fragezeichen detrás de la "Caja de Pandora?", como estos profesores-patólogos lo ponen en blanco y negro, se puede dejar caer tranquilamente. Las cifras anteriores, en mi opinión personal, equivalen nada menos que a un genocidio de vacunas, un "vaxxicidio" o "Covaxide" si se quiere. Ahora que la gran mayoría de la población ha sido inyectada con esta terapia genética experimental / nanotecnología, esta 'Caja de Pandora' se ha abierto por completo, y sólo queda por saber cuánto aumentará el número de víctimas en los próximos años.

¿Vacunas por control remoto?

Dra. Carrie Madej: "Esto parece un sistema operativo superconductor inyectable

Todas las vacunas Covid-19 están muy bien protegidas en todo el mundo y protegidas de la investigación externa. La razón de ello quedó clara en cuanto científicos independientes tuvieron en sus manos estas "vacunas", examinaron su contenido y se sorprendieron de lo que vieron bajo el microscopio (electrónico). Un laboratorio estadounidense se hizo recientemente con varios frascos de al menos tres lotes diferentes de las inyecciones de Moderna y Johnson&Johnson y los examinó en detalle. Conclusión: todos los frascos contenían sustancias extrañas como nanopartículas y extrañas estructuras cristalinas y organismos que parecen estar "vivos" (foto superior). Sin embargo, estos ingredientes no se mencionan en un solo prospecto o documento oficial (y legalmente no tienen por qué hacerlo, ya que se trata de experimentos).

Según la doctora internista Carrie Madej, que examinó personalmente las "vacunas" en uno de "sus" laboratorios, varios laboratorios colegas de Estados Unidos también examinaron los inyectables. Sin embargo, todos ellos se vieron obligados a dejar de hacerlo.

En julio, un laboratorio local de Georgia pidió al Dr. Madej que examinara inmediatamente el contenido de un vial que se había inyectado a al menos una persona. Como se había utilizado al final del día, el vial había sobrado. Normalmente debería tirarse a la basura, pero alguien se las arregló para coger esta "vacuna" de Moderna y entregarla al laboratorio.

Los colores brillantes apuntan a un material superconductor

El Dr. Madej puso la "vacuna" bajo el microscopio. No le añadimos nada, no la diluimos y no le pusimos tejido humano. Sólo le pusimos la luz blanca del microscopio. Con el tiempo, por supuesto, se puso a temperatura ambiente porque venía del congelador".

Al principio, el contenido parecía transparente. Sin embargo, al cabo de unas dos horas, aparecieron de repente todo tipo de colores brillantes. Nunca había visto algo así. No hubo ninguna reacción química. Se volvió azul brillante, púrpura, amarillo y a veces verde. Después de investigar, descubrí que esto puede ocurrir con un material superconductor cuando se le ilumina con luz blanca. Un material superconductor como un sistema informático inyectable". Un material superconductor, ¿conductor de QUÉ?

Organismo de movimiento libre con tentáculos

'Vimos cómo se formaban más y más hilos. En algunos hilos había pequeñas estructuras en forma de cubo. No sé qué son. También había fragmentos metálicos en ellos. No fragmentos metálicos con los que estoy familiarizado; estos eran más exóticos y translúcidos'.

Entonces los colores empezaron a moverse hacia el borde del vaso. Allí, las cosas empezaron a unirse y a crecer. Parecía sintético. Había un "objeto" u organismo especial -no sé cómo llamarlo- que tenía tentáculos que salían de él. Era capaz de levantarse del portaobjetos de cristal".

Un atónito Stew Peters: "¿Estaba vivo? ¿Esta cosa estaba viva?

Madej vacila. Parecía tener conciencia de sí mismo. Era capaz de crecer y moverse libremente. Todo lo que puedo decir es que durante nuestra formación médica nunca hemos aprendido nada parecido, y yo nunca he encontrado nada parecido en mis laboratorios. Se lo he enseñado a otras personas "en el campo" y tampoco saben lo que es.

'Parecía tener algún tipo de autoconciencia'

Un colega suyo también estudió el organismo y tuvo la impresión de que parecía tener algún tipo de conciencia de sí mismo. Como si supiera que le estamos observando". Reconoce que se trata más bien de una sensación y de su intuición, pero "fue muy inquietante".

¿Fue sólo una coincidencia? ¿Podría haber sido sólo en este vial en particular? Recientemente hemos recibido más viales del mismo fabricante pero de diferentes lotes. Los pusimos bajo el microscopio de la misma manera. Descubrimos otra estructura de este tipo con tentáculos. No podía creerlo. Con el tiempo, aparecieron los mismos colores e hilos. La próxima vez grabaré un vídeo para que se pueda ver realmente cómo se mueve".

Janssen mintió: sí hay nanopartículas lipídicas en su "vacuna

También conseguimos examinar el contenido de una botella de Johnson & Johnson. Definitivamente contenía una sustancia parecida al grafeno. Por cierto, todos esos frascos contenían estructuras parecidas al grafeno, pero no estoy seguro de que fuera realmente esto porque no tengo la capacidad de probarlo. Pero seguro que lo parecía".

'En ambos viales había sustancias parecidas a la grasa, algo así como un pegamento pegajoso, lo que significa que se puso un hidrogel. Eso significa que nos están mintiendo. Janssen miente diciendo que no hay nanopartículas lipídicas (como en las inyecciones de Pfizer) en su vacuna de J&J. Sí las hay. En la de J&J también aparecían colores, pero eran diferentes. Eran colores fluorescentes tipo pastel. De nuevo, vimos estructuras sintéticas, aunque en la vacuna de J&J eran más circulares, anulares y esféricas".

'Esto es definitivamente una guerra espiritual también'

Peters: "Si viera algo así en una vacuna que me han dicho que es para nuestra salud y seguridad, un organismo móvil con tentáculos, probablemente huiría con fuerza. Es aterrador que estén inyectando esto en personas de todo el mundo. Y tienes razón: en nuestros hijos".

Madej: "La gente debería empezar a pensar ahora y ver que esto no está bien, y no tomar decisiones de las que se arrepentirá después. Creo que todos sabemos ahora que algo no está bien en el mundo. Para mí, esto está definitivamente en el nivel de la guerra espiritual, especialmente cuando veo esto bajo el microscopio. Si podemos obtener más muestras, entonces posiblemente podamos hacer videos en tiempo real de ello, para que la gente pueda ver lo que estamos haciendo y tener pruebas. Pero no hace falta ser un científico para ver que algo así no debería inyectarse en personas y niños'.

Peters: "Estabas hablando de algún tipo de sistema informático inyectable".

Madej: "Cuando surgieron todos esos colores brillantes, hablé con ingenieros de nanotecnología y genética. Me dijeron que lo único que puede provocar esto es una luz blanca -como la del microscopio- sobre un material superconductor, como un sistema informático inyectable. Los componentes electrónicos se hacen visibles (algún tiempo después de la exposición) bajo la luz blanca. Esto ocurrió tanto en las muestras de Moderna como en las de J&J, y demuestra que, efectivamente, están poniendo un sistema operativo en las personas".

Así que cada vez tenemos más pruebas en nuestras manos. En definitiva, esto apunta muy claramente al inicio del transhumanismo, al inicio del control y espionaje de las personas, como está haciendo ahora Bill Gates en África Occidental. Gates/GAVI están trabajando con Mastercard y otros en una prueba en África Occidental con inyecciones de Covid y una identificación digital que es inmediatamente su única cuenta bancaria. Toda su información médica se descarga en este programa digital EN su cuerpo. Y dijeron que si esta sustancia -por supuesto ese hidrogel- está en estas personas de todos modos, ¿por qué no la usamos también para el control y la vigilancia policial preventiva?".

'Así que esto es lo que han estado haciendo en África Occidental desde julio de 2020, y lo que quieren desplegar en todos los países desarrollados una vez que lo hayan perfeccionado. Lo llaman el Wellness Pass, o pasaporte de vacunas'.

Pretexto p(l)andémico para inyectar un sistema de control transhumano

Para inyectar este sistema en la gente, primero tenían que tener un pretexto, y eso se convirtió en la corona p(l)andémica. Cualquier virus respiratorio medio fue inflado en extremo para asustar tanto a la gente que la mayoría de ella aceptaría las vacunas forzadas e incluso obligatorias, inyectándoles así este sistema operativo transhumano sin su conocimiento.

He visto estas cosas (en las vacunas) con mis propios ojos, cosas que parecen que podrían ser utilizadas para el inicio de una I.A. (inteligencia artificial) EN el cuerpo humano. Sabemos que la gente en el poder no es confiable en absoluto. Nos han mentido muchas veces, al igual que los fabricantes. Pero ya no soportamos esta opresión. Elegimos ser hijos de Dios, ¿no? En cualquier caso, no voy a consentirlo.

Reafirma el resumen de Peters de que se trata de frascos de vacunas de al menos tres lotes diferentes de Moderna y J&J, que no hubo contaminación y que no se utilizaron otras influencias externas como dilución o sustancias químicas.

Peters: "La gente tiene que entender que no se trata de proteger su bienestar y su salud. (Estas inyecciones) no tienen nada que ver con eso". En efecto. De hecho, estas inyecciones son EL núcleo crucial para establecer el sistema de 'la Bestia' predicho en el libro del Apocalipsis.

Las personas que elijan (aunque sea bajo una inmensa presión y con enormes engaños y mentiras, pero sigue siendo una elección) integrarse en este sistema con estas inyecciones (de las que al menos 8 más están por venir en, por ejemplo, Canadá), sufrirán el mismo destino que "la Bestia", independientemente de sus creencias religiosas, simplemente porque nunca podrán ser liberados de él (al igual que estas "vacunas" tampoco podrán ser eliminadas de su cuerpo). Sólo espero entonces que las dos primeras inyecciones no sean todavía fatales en este sentido, pero los nuevos descubrimientos del Dr. Madej no son precisamente tranquilizadores.

En una entrevista en el verano de 2020, Madej concluyó lo siguiente:

Esencialmente, se está creando una nueva especie, y la antigua especie, nosotros los humanos tal y como nos conocemos hoy, puede ser destruida... Tenemos que levantarnos contra ello ahora, por nosotros mismos, y por las generaciones futuras. Tenemos una oportunidad si empezamos a despertar a más gente.

¿El daño real?

Los defensores de estas inyecciones consideran que el asesinato de estos adolescentes y jóvenes adultos, y de al menos otros 26.000 europeos, es aparentemente "necesario" para volver a sentirse "a salvo" de un supuesto virus que se ha demostrado que no causa más víctimas que una gripe leve.

EudraVigilance, un monitor médico oficial de la UE/EMA, informa de que las cuatro principales inyecciones de Covid-19 han matado a 26.041 personas hasta el 25 de septiembre, y han dañado la salud de casi 2,5 millones de personas, 1.176.130 de las cuales padecen enfermedades graves y/o crónicas, como discapacidades. Históricamente se ha demostrado que el número de víctimas oficiales de la "vacuna" es sólo del 1% al 10% del número real, pero sin embargo este año supera todo lo que han hecho todas las demás vacunas en 30 años juntas. Sin embargo, los políticos, los medios de comunicación y otras personas que acaparan los titulares exigen con un lenguaje y unas medidas cada vez más duras que todo el mundo se someta a lo que, en mi opinión, puede llamarse un genocidio deliberado de vacunas, o vaxxicidio para abreviar.

Las cifras oficiales -muy probablemente demasiado bajas porque la notificación de las víctimas de la vacuna es extremadamente difícil en todos los países- lo dicen todo:

Pfizer/BioNTech 12.362 muertes - 1.054.741 con daños a la salud

Moderna 6.907 - 306.490

AstraZeneca 5.468 - 1.008.357

Johnson&Johnson 1.304 - 78.774

20 años - muerto

El gobierno esloveno ha suspendido la vacuna de Janssen (Johnson&Johnson) tras la muerte de la estudiante de 20 años Katja Jagodic, que se inyectó porque es obligatoria para acceder a la universidad. Se inyectó el 16 de septiembre, enfermó poco después, desarrolló (como la mayoría de los vacunados, según muchos expertos) coágulos de sangre y trombosis, y murió ayer en un hospital de Liubliana.

Su padre participó ayer en una manifestación masiva contra el pase de Covid, que es obligatorio para trabajar e incluso para repostar. Ella quería libertad, como todo el mundo aquí. El 16 de septiembre se hizo vacunar con Janssen para no estar más limitada por esta tontería. Ahora ya no está aquí. Tenía 20 años".

'Cuando vas a un centro de vacunación, nadie te advierte de las posibles complicaciones. Nadie advierte que la vacuna J&J no está recomendada para menores de 40 años. Sólo hay cifras. Sólo se habla de porcentajes. Mi Katja no era un porcentaje. Era mi Katja".

Cuando los manifestantes entraron en una autopista, la policía les disparó con cañones de agua. Manifestarse contra este asesinato masivo legalizado de vacunas, contra el terrorismo de estado médico-fascista que obliga a la gente a participar en él, está siendo tratado con dureza en todo Occidente.

13 años - ciego

En Francia, el niño de 13 años Yassine se quedó ciego después de su inyección de Pfizer. Recibió la inyección el 17 de julio, un mes después de que el régimen francés Macron decidiera empezar a inyectar a todos los niños a partir de los 12 años. Yassine no es exactamente el primero en sufrir una trombosis, pero por lo que se sabe fue el primero en recibirla en los ojos.

17 años - muerto

Otra tragedia en Francia: Sofía, de 17 años, alumna del Liceo Valabre Gardanne, desarrolló todo tipo de síntomas después de su inyección de Pfizer, pero aún así fue a la escuela. El 20 de septiembre, enfermó gravemente en clase y fue trasladada al hospital. Un día después, murió de trombosis. Sofía también se inyectó para poder seguir participando normalmente en la sociedad.

19 años - muerto

Otro estudiante que ya no está vivo es el ucraniano Volodymyr Salo, de 19 años. El 13 de septiembre le inyectaron Pfizer a las 14:30 horas. Hacia las 20:00 horas comenzó a sentirse mal y desarrolló una fiebre alta. Quince minutos después sufrió violentas convulsiones. El personal de la universidad le administró los primeros auxilios hasta que llegó la ambulancia a las 20:45 horas. Intentaron ponerle un respirador, pero a las 21:00 horas ya no tenía pulso. Poco después fue declarado muerto.

La familia de Salo era miembro de la Iglesia Adventista del Séptimo Día, y se oponía firmemente a estas inyecciones de ARNm y ADN de vectores virales. Por ello, decidió no informar a su familia de que iba a ser "vacunado" de todas formas. Según su cuñado, lo hizo porque quería volver a ir a los bares con normalidad.

15 años - muerto

En Grecia, el joven Elias Georgakopoulos, de 15 años de edad y muy sano, es otra joven víctima de la inyección de Pfizer. Recibió la inyección el 10 de septiembre, que resultó fatal sólo 3 días después, cuando fue encontrado sin vida en su habitación. En el hospital intentaron reanimarlo, pero sin éxito.

Su hermano Nikos, de 31 años: "Murió por los efectos secundarios de la vacuna, pero lo ocultan. Haremos todo lo posible para obtener respuestas". Junto con su padre y su primo, fue a la comisaría, pero allí les dijeron que no dijeran nada sobre la "vacuna". No sé por qué dijeron eso. Todo el mundo en el pueblo sabe que se puso esa vacuna'.

14 años - muerto

En Ruffano, Italia, la niña marroquí de 14 años Majda El Azrak recibió su segunda inyección de Pfizer el 17 de agosto. Desarrolló fuertes dolores de cabeza, fue hospitalizada el 19 de agosto y cayó en coma unas horas después. El 13 de septiembre murió. Sus padres han presentado una demanda contra los médicos que le administraron la inyección.

Una civilización suicida y genocida, ¿o aún hay esperanza?

En una sociedad normal y humana, estas inyecciones se habrían detenido inmediatamente de forma permanente después de unas pocas muertes, porque violan todas las convenciones sobre derechos humanos y crímenes de guerra. Pero no en el Occidente del siglo XXI, donde, desde el año pasado, la humanidad y el respeto por la vida humana parecen haber sido enterrados bajo una gruesa capa de oscuridad tinta empaquetada como "luz".

Una civilización que bajo pretextos médicos permite, condona, promueve e incluso impone el asesinato de personas sanas e incluso de niños mediante el Apartheid y otras formas de coerción, puede en mi convicción ser calificada de suicida y genocida, y por tanto quizás no merezca otra cosa que la inevitable y absoluta desaparición, que por cierto es provocada por su propia mano.

¿O finalmente todos diremos NO en masa? En cualquier caso, estamos recibiendo señales esperanzadoras de la sociedad, incluso de los vaxxers. El apartheid del código QR va demasiado lejos para muchos y parece ser un límite crucial. Personas de las que no me lo esperaba inmediatamente hacen ahora la comparación con los años 30 del siglo pasado. En todos los ámbitos de la vida -más vale tarde que nunca- cada vez más gente empieza a despertar y a oponerse a este "Gran Reset" -Golpe de Estado climático-vacunación de la Agenda 2030- que se está llevando a cabo contra todos nosotros.

Coincide con el "Gran Reset" creado deliberadamente / la crisis energética de la Agenda-2030 - El "Green Deal" acabará en una pesadilla de frío, enfermedad y pobreza

La inversión temporal del flujo de Beaufort es normal cada 5 a 7 años, pero ahora este fenómeno no se ha producido desde hace unos 17 años. Un estudio publicado en Nature Climate Change confirma ahora los indicios de que la inversión parece inminente. Esto significa que una gigantesca cantidad de agua helada podría entrar en el océano Atlántico, amenazando con detener la cálida corriente del Golfo hacia Europa. Esto dará paso a un periodo de frío extremo en muy poco tiempo, que junto con el nuevo mínimo solar que ya ha comenzado con el Enfriamiento Global, podría incluso dar paso a una nueva Edad de Hielo.

Esto no tiene nada que ver con el CO2/calentamiento global".

Según el estudio publicado el 5 de agosto, cada vez hay más señales de alerta de que la crucial Circulación Meridional de Vuelco del Atlántico (AMOC), la corriente del Golfo responsable de transportar el agua caliente al Atlántico Norte y a Europa, está a punto de apagarse. El Instituto de Potsdam para la Investigación del Impacto Climático confirmó inmediatamente que la Corriente del Golfo parece estar acercándose a "un umbral crítico".

'Eso no tiene nada que ver contigo, nada que ver con el Calentamiento Global', dice el comentario en el canal de YouTube del Proyecto Rancho Oppenheimer (ORP). 'Pero todo con el Giro de Beaufort'. Esta enorme corriente de agua que gira en el Océano Ártico 'tiene muchas veces más impacto en el clima y el hielo marino que cualquier cosa que los humanos puedan bombear a la atmósfera'. Durante milenios, el Giro de Beaufort ha determinado la cantidad de hielo marino y el clima en el norte, especialmente en Europa.

'Recientemente, algo ha cambiado. No es algo que cause el Calentamiento Global. De hecho, se avecina una nueva Edad de Hielo'. Normalmente, el Giro de Beaufort se invierte temporalmente cada 5,4 años, liberando agua helada en el Océano Atlántico. Sin embargo, hace ya más de 17 años que esa inversión no se produce. Mientras tanto, la cantidad de agua helada (dulce) -en parte por las cantidades récord de nevadas en Rusia y América del Norte- se ha acumulado masivamente (según un estudio de JGR Oceans, en 2018 ya se había producido un aumento de 6400 kilómetros cúbicos de agua dulce, un 40% más que en la década de 1970). "¿Será 2022 el año en que esto se libere?

La agenda climática ignora el enfriamiento previsto desde hace años

La Escuela de Medio Ambiente de Yale ya advirtió en 2017 que el clima de Europa se enfriaría bruscamente si la corriente del Golfo se cerraba. 'Y esto es exactamente lo que estamos presenciando ahora', continuó ORP. 'Y recuerda que el agua dulce se congela más rápido que el agua salada'. En las décadas de 1960 y 1970, el giro de Beaufort empujó anteriormente grandes cantidades de agua dulce del océano Ártico al océano Atlántico, lo que provocó, entre otras cosas, varios inviernos severos. En aquellos años, la llegada de una nueva Edad de Hielo se anunciaba en los medios de comunicación y en las escuelas por una razón.

La agenda climática (llamada por nosotros la secta de la vacunación climática) ignora esto, por supuesto. Sólo quiere culparnos a ti y a mí del aumento de las temperaturas. Efectivamente, hay un aumento de las temperaturas (sobre el que, por cierto, hay grandes diferencias de opinión, porque habría un enfriamiento durante años), pero (bien) dentro de las variables climáticas normales. Sin embargo, la A.A.A.S. (Asociación Americana para el Avance de la Ciencia) afirma... que el hielo marino controla el clima en el hemisferio norte".

En el último siglo estamos experimentando un clima más suave, que ha permitido que nuestra civilización florezca. Pero ese calor suave tan necesario no siempre ha existido. Por ejemplo, los bárbaros que invadieron el Imperio Romano en el siglo III fueron impulsados principalmente por el frío del norte. En la Edad de

Bronce, los pueblos del norte se trasladaron a Oriente Medio y al norte de África a causa del frío y las consiguientes pérdidas de cosechas.

Esto demuestra que el cambio climático existe, pero es natural, y está impulsado por mecanismos que no tienen NADA que ver con usted y conmigo, o con el CO2. Tal vez estemos ahora en el punto de inflexión. No pueden seguir insistiendo en que los inviernos extremadamente fríos también son causados por el CO2/Calentamiento Global... El cierre de la corriente del Golfo tampoco tiene nada que ver con el CO2".

Decenas de millones de muertos por el cierre de los combustibles fósiles

Los medios de comunicación y los "científicos" sobornados de la corriente dominante (por ejemplo, el KNMI, uno de los principales difusores del bulo del calentamiento global que sigue ignorando o restando importancia al mínimo solar y a los registros de frío/nieve/hielo en todo el mundo), están terriblemente equivocados. Así que estamos hablando del "IPCC" (un club ideológico de cuasi-científicos seleccionados y comunistas que quieren derribar la civilización occidental y establecer un gobierno mundial dictatorial de la ONU).

Esta gente se ha equivocado desde los años 70 con sus repetidos informes de pánico y tácticas de miedo. Nada de eso se ha hecho realidad. Todo lo que hemos estado diciendo durante medio siglo ha resultado ser correcto. Lo que estos charlatanes están haciendo a la economía al tratar de cerrar los combustibles fósiles, si la Corriente del Golfo se cierra, podría causar decenas de millones de muertes. La última vez que esto ocurrió hizo mucho frío en Europa

La energía "verde" ya está fallando

Que quede claro que la llamada energía "sostenible" o "verde" fracasará entonces por completo. Esto ya está ocurriendo desde septiembre en Gran Bretaña, cuando todavía hacía calor allí. Incluso una vieja planta de carbón tuvo que ponerse en marcha, porque los molinos de viento fallaron por completo. En el este y el sur de Europa, el final de septiembre ya fue muy frío para la época del año, con incluso heladas en partes de Macedonia y Grecia. En el hemisferio norte ya hay una enorme cantidad de nieve, y eso que la temporada 2020-2021 ya contaba con 500 gigatoneladas más de nieve que la media desde 1982, desmintiendo así una vez más el cuento del "calentamiento global".

El IPCC estaba tan seguro en 2001: "Los inviernos más suaves reducirán las fuertes tormentas de nieve...". ¿La realidad? Exactamente lo contrario, pero eso no impide que este falso instituto del clima siga predicando alegremente las mismas tonterías sobre el CO2 y el calentamiento. Por ejemplo, el IPCC se limita a señalar que la masa de nieve de primavera disminuyó un 1,12% por década entre 1981 y 2010, pero 'olvida' informar de que la masa de nieve de octubre aumentó en realidad un 2,74% por década:

La Antártida también es inusualmente fría; la famosa estación de Vostok midió - 75,7 grados centígrados en septiembre, un mínimo poco común para esta época del año, y también una prueba de que nuestro planeta se está enfriando. Los ciclos climáticos milenarios y el actual mínimo solar podrían incluso marcar el inicio de una nueva Edad de Hielo.

Ruptura deliberada de la seguridad energética

Nuestros" dirigentes lo sabían, o podían y debían saberlo, pero eligieron, sin embargo, inyectar inútilmente miles de millones en molinos de viento y paneles solares, cuando precisamente un refuerzo de la infraestructura de petróleo y gas, y especialmente las inversiones en energía nuclear, habrían sido muy necesarias para ayudarnos a superar un período prolongado de frío extremo.

Pero mantener nuestro nivel de vida y garantizar nuestro bienestar nunca ha sido el objetivo, sino todo lo contrario. Más bien, "nuestras" élites parecen estar trabajando deliberadamente para debilitar gravemente a la población a través de una crisis energética -ahora mismo los precios del gas natural se están disparando en todo el mundo, el GNL y el petróleo crudo también están subiendo drásticamente, y las reservas son extremadamente bajas gracias a las "políticas" climáticas-, una crisis alimentaria y una crisis sanitaria causada por las "vacunas" obligatorias.

Gran golpe de Reset contra nuestro nivel de vida y nuestra libertad en pleno desarrollo

Como resultado, la gente ya no será capaz de resistir el golpe de estado comunista del 'Gran Reset' / Agenda-2030 que ha estado en progreso desde 2020 (y en partes mucho antes). Saca la cabeza de la arena y abre los ojos antes de que sea demasiado tarde, y afronta el hecho de que "nuestros" administradores y gobiernos se han vuelto contra la gente común y contra nuestro futuro por todos los medios posibles, poniendo los intereses de una secta globalista de vacunación climática (FEM / ONU / OMS / FMI / UE / GAVI / Comisión Trilateral) por encima de los de sus propios súbditos.

Hay por tanto, en mi convicción personal, un golpe interno "suave", como yo llamo a esta toma de poder desde la primavera de 2020. Un golpe, no sólo contra nuestra democracia, libertad y derechos civiles, sino también contra nuestra economía y nivel de vida. Contra ti, contra mí y contra nuestros (nietos), es decir.

Si la mayoría de nuestra gente sigue negando esto, entonces sólo el inevitable dolor del aumento vertiginoso de los precios de la energía y los alimentos y la grave escasez en un período de frío extremo y de masas de personas enfermas será capaz de despertarlos. Aunque me temo que a muchos les han lavado el cerebro hasta tal punto que incluso entonces creerán ciegamente la propaganda de la política sistémica y de los medios de comunicación dominantes, y culparán de su miseria a las "emisiones" de sus congéneres, especialmente si resultan no estar vacunados.

Nuestra antaño floreciente civilización, con sus mentiras cada vez más absurdas y sus tendencias suicidas, se dirige al abismo a la velocidad del TAV, al igual que muchas grandes civilizaciones anteriores se debilitaron y acabaron destruyéndose a sí mismas desde dentro con una profunda corrupción, un nepotismo flagrante, una mala gestión diametral y fraudulenta, y una combinación de inanidad, indiferencia extrema y medidas eugenésicas, por no decir misantrópicas, contra sus propias poblaciones. Todo ello fue acompañado, sin excepción, de la pérdida de enormes vidas humanas y de riqueza. La posibilidad de evitar este choque deliberadamente iniciado depende en parte de la cantidad de personas que puedan entrar en razón a tiempo.

'La relación entre estas vacunas y el cáncer debería mantenerse en secreto. Eso podría meterme en un problema terrible" - "Bajo ninguna circunstancia deberíamos confiar en nada de lo que dicen los medios de comunicación

En el tercer vídeo de Covid-19 #ExposePharma, se ve a Justin Durrant, científico de Johnson & Johnson, y a Brandon Schadt, miembro de la dirección de la empresa, diciendo literalmente que "los niños no deberían tomar esa vacuna f****ng... Hay consecuencias desconocidas".

Periodista de PV: "Entonces, ¿qué dirías, educar a tus hijos tú mismo en casa o dejar que se vacunen?

Schadt: 'Sinceramente, que yo que los niños no deberían tenerlo... Es un niño, un niño f****ng, ¿verdad? Los niños no deberían recibir esa vacuna. Son niños".

'Es terrible... Es un niño, simplemente no - no algo que es tan desconocido en términos de consecuencias que vendrán después.'

Periodista de PV: "Entonces, ¿dirías que no conocemos esas consecuencias?

73

Schadt: 'Cómo podríamos. No hay nadie que lo haya conseguido 30 años atrás que pueda decir 'oye, yo no he conseguido un tercer globo ocular''.

Periodista de PV: "¿De qué se trata? ¿Dinero?

Schadt: "Política, dinero...

Periodista de PV: "¿Y acabas de decir que no debo confiar en los medios de comunicación?

Schadt: "¿Por qué habríamos de hacerlo? Ni hablar. De ninguna manera, no deberíamos confiar en nada de lo que dicen bajo ninguna circunstancia'.

Científico de J&J: 'NO tomen nuestra vacuna, pero yo no dije nada, ¿o sí?

Periodista de PV: 'De acuerdo, si crees que no es necesario vacunar a los bebés, ¿por qué crees que tienen tantas ganas de hacerlo de todos modos?'

Durrant: "Números".

El científico de J&J no sólo cree que no se debe vacunar a los niños, sino que recalcó en un mensaje de texto posterior que lo que dijo sobre la relación con el cáncer "debe quedar entre nosotros. Podría meterme en un problema terrible por eso".

Periodista de PV: '¿Debo decirle (a mi sobrina de 12 años) que no tome la vacuna de J&J?'

Durrant (guiñando un ojo): "No tomar el J&J - pero no te lo he dicho, ¿verdad?

Los no vacunados deben ser ciudadanos de segunda clase

Sin embargo, está de acuerdo con la política de su jefe de bombardear a los no vacunados para convertirlos en ciudadanos de segunda clase, obligándolos así a seguir inyectándose.

Durrant: "La gente sólo reacciona y obedece cuando afecta a su cartera. Así que si trabajas para una gran empresa y pierdes tu empleo, es mejor que creas que vas a tener que hacer cola para ello.... Si no puedes trabajar, en mi opinión eso es suficiente castigo".

Un ciudadano de segunda clase, que no puede hacer nada de lo que puede hacer un ciudadano normal... Hazlo incómodo para ellos hasta el punto de que sean unas vacaciones. '¡No, las vacaciones no! Entonces también podría hacerlo'. En otras palabras, quitarle a la gente su libertad, su capacidad de salir, de ir de vacaciones y de viajar - exactamente el Apartheid que ahora también ha comenzado en todo el mundo occidental.

Tanto Durrant como Schadt afirman que en ningún caso tomarán la vacuna de su propia empresa.

Periodista de PV: "¿Por qué no?

Schadt: 'No lo sé. El 60% y los coágulos de sangre que denunciaron'. Continúa diciendo que, en los 13 años que lleva trabajando allí, hay un ambiente privado y nunca sale nada de los escándalos. Schadt pone el ejemplo del Tylenol, que 'tenía capas de cianuro. Algo malo ocurrió, y entonces tuvieron que retirar estos productos'.

Cada vez son más las personas que se dan cuenta de que estas inyecciones indirectamente forzadas son uno de los crímenes (de guerra) contra la humanidad más graves jamás cometidos. Incluso superan en malignidad a los nazis, porque sólo experimentaron con las personas que, a su juicio, eran "equivocadas". Los que están en el poder hoy en día le han dado la vuelta a esto y ahora dicen que cualquiera que NO quiera someterse a estos experimentos de terapia genética está "equivocado" y debe ser expulsado progresivamente de la sociedad.

Estos crímenes diarios continuados han costado oficialmente la vida de decenas de miles de personas sanas sólo en Occidente. Millones de niños están siendo sacrificados sin una segunda mirada en el altar del Baal/Moloch de la vacunación del siglo XXI. La oscuridad en los individuos que decidieron y ahora están imponiendo esto en todo el mundo es insondable y aterradora.

77

¿Fracasará el Gran Reajuste?

El Gran Reajuste está 100% seguro de fracasar, es la convicción del principal economista estadounidense Martin Armstrong. Él basa esta convicción en el modelo analítico de su única I.A. "Sócrates", que ha demostrado ser asombrosamente precisa muchas veces durante décadas. Tenemos un grupo de ancianos de más de 80 años que intentan apoderarse del mundo e impulsar esta Cuarta Revolución Industrial. Probablemente esperan un rápido avance de la medicina para evitar la muerte. La buena noticia es que todo este intento de rediseñar el mundo y crear un futuro en el que se vuelvan inmortales y se mantengan en la cima fracasará".

Sí, será muy difícil, y sí, tendremos que mantenernos firmes. La buena noticia es que lo que proponen va totalmente en contra de la naturaleza humana.

No tienen ni idea de cómo funciona una economía. De Rusia y China no vino ningún desarrollo importante que hiciera avanzar a la sociedad humana. Todas las innovaciones vinieron de Estados Unidos y Europa. ¿Por qué? Porque todos los avances en ciencia, tecnología, medicina y biología son producto de la curiosidad. Y la curiosidad requiere que haya LIBERTAD de pensamiento".

La imaginación es la clave

Lo que hace que el futuro sea brillante es la humanidad. La imaginación es la clave de todos nuestros defectos. Si no podemos imaginar cómo podría ser el futuro, no podemos crear nada. Por eso el comunismo fracasó, tanto en China como en Rusia. Marx transformó la "igualdad de derechos" en igualdad de prosperidad material. Pero alguien que sabe jugar bien al fútbol debería poder llegar a la cima y obtener un salario más alto, porque atrae a las masas".

Sin imaginación, no hay sueños que cumplir. Einstein veía esto como curiosidad, siempre queriendo averiguar cómo funcionan las cosas. Leonardo DaVinci sentía curiosidad por el funcionamiento del cuerpo. Examinó cadáveres para aumentar su conocimiento objetivo. En el comunismo se hace lo que se dice. El individualismo no está permitido".

Por eso fracasó la teoría marxista, y por eso nos enfrentamos ahora al colapso monetario de las economías keynesianas (= Occidente). La base debe ser la LIBERTAD de pensamiento, inspirada por la curiosidad y la imaginación".

El mundo de las adquisiciones no tendrá éxito, la ventana se cierra a finales de 2022

Sobre la iniciada Agenda-2030 'Great Reset' de Klaus Schwab (WEF), Bill Gates (OMS/GAVI) y George Soros (Open Society/UE), y todos sus secuaces en la política internacional: "Su objetivo de gobernar el mundo es absurdo. Son sueños y fantasías de académicos. No lo conseguirán. Su ventana para esta toma de posesión del mundo se cerrará a finales de 2022".

Es incoherente que afirmen que la Cuarta Revolución Industrial está destinada a ayudar a toda la humanidad, mientras que simultáneamente tienen reuniones secretas sobre cómo quieren despoblar el mundo". (Armstrong publica una captura de pantalla de un artículo del Wall Street Journal de 2009 con el revelador titular: "Los multimillonarios intentan reducir la población mundial", en el que aparecen nombres infames como Bill Gates, Warren Buffett, David Rockefeller, George Soros, Ted Turner, Michael Bloomberg y Oprah Winfrey).

En 2022-2023, según nuestros modelos, tendremos ciclos de pánico en todo el mundo como no han ocurrido desde la década de 1930. Antes hubo el periodo 1917-1923, con revoluciones en Rusia y Alemania. La revolución alemana, de mayor envergadura, condujo a la monarquía, pero también a revoluciones similares como la de la República Soviética, la Revolución Húngara y la del Biennio Rosso en Italia. Hubo muchos otros levantamientos, protestas y huelgas de menor envergadura que fueron consecuencia de las pérdidas económicas de la Primera Guerra Mundial".

El mundo NO va a renunciar a sus derechos, las revueltas están en ciernes'

80

El mundo NO está preparado para renunciar a todos sus derechos. En cuanto la gente empiece a despertar y se dé cuenta de que los pasaportes Covid (/códigos QR) son PERMANENTES, empezará un levantamiento más amplio como un incendio. Por eso la UE quiere su propio ejército comunitario, para poder enviar a los italianos a aplastar a los alemanes, etc. Utilizarán la división natural entre los europeos en su contra para mantenerse en el poder".

'La censura y la anulación de la cultura son lo mismo que las quemas de libros por parte de los nazis. Todo lo que vaya en contra de la propaganda del Estado debe ser cancelado'. En Europa, incluso un secretario de Estado es despedido inmediatamente por cuestionar otra medida autoritaria (el código QR Apartheid) del régimen gobernante.

Quema de libros nazis 1933 = "quema" de opiniones disidentes 2020-2021.

'El Papa Francisco niega ahora la entrada al Vaticano a todo aquel que no tenga pasaporte Covid. ¿Qué pasó con las enseñanzas de Cristo y con defender a los oprimidos? El que esté libre de pecado que tire la primera piedra, ¿no?' (La verdad es que las enseñanzas originales de Cristo fueron violadas y alteradas casi por completo ya en el siglo IV, y la Iglesia católica romana que surgió entonces no es más que la recopilación de una serie de idolatrías paganas (especialmente babilónicas) con las que hasta hoy se adora a un extraño 'dios', el Demiurgo (= Lucifer)).

'Ya tienen planes para la continuación de Covid y la pandemia hasta 2025-2028', continuó Armstrong. 'Hola, es hora de despertar y afrontar esto, antes de que también se prohíba'.

Buenas noticias, pero primero "lo amargo

En efecto, es una buena noticia que el Gran Reajuste esté condenado al fracaso. Sin embargo, me temo que los actuales gobernantes internacionales y nacionales primero infligirán bajas incalculables antes de que sus regímenes se derrumben bajo el peso de sus fallidos planes mecalómanos y sus crímenes sin precedentes contra la humanidad. Por lo tanto, tendremos que prepararnos para el peor, más miserable y amargo período de toda la historia.

Es esperanzador que nuestros futuros líderes ya estén dando la cara. Los jóvenes también están empezando a despertar (no los falsos "despiertos", que son una extensión extremista del viejo pensamiento). Son ellos los que pronto podrán construir el verdadero Nuevo Mundo; un mundo en el que todo lo que ahora es 'Grande', 'Gran' y colectivista habrá quedado definitivamente zanjado y en el que el bienestar y el máximo desarrollo de cada individuo serán por fin centrales.

¿Criminales de guerra?

Ya lo he escrito antes: personalmente, creo que los padres que permiten que sus hijos sean inyectados los están sacrificando a la versión del siglo XXI de Baal / Moloch, o "la Bestia".

'Ya se sabe que la vacuna Covid es SEIS veces más mortal para los niños que la Covid-19' - 'Cualquier médico, profesor o trabajador sanitario que promocione la vacuna Covid a los niños debería ser detenido por intento de asesinato'

La reputación y la pericia, por muy grandes y ampliamente reconocidas que hayan sido antes, ya no importan desde el año pasado. Numerosos científicos de alto nivel, expertos y analistas médicos, célebres periodistas e incluso premios Nobel fueron inmediatamente arrinconados como "teóricos de la conspiración" y "chiflados" si se atrevían a cuestionar la narrativa oficial de la "corona" y la "vacunación". Uno de ellos es el médico británico Dr. Vernon Coleman, autor de más de 100 libros y bestsellers y, por lo tanto, el autor médico más leído del país, que durante años fue puesto en un pedestal por numerosos medios de comunicación convencionales. Desde el año pasado se le ha bajado de ese pedestal por sus críticas. Coleman no se dejó amedrentar y advierte a los médicos y al personal sanitario que inyectar a los niños las "vacunas" experimentales de Covid es nada menos que colaborar con el genocidio.

Coleman, sobre quien publicamos el artículo "El autor médico más leído del Reino Unido emite una advertencia sin precedentes sobre las vacunas Covid" el 15 de marzo, califica su último vídeo como "probablemente el más importante que haya visto nunca, especialmente si tiene hijos". En Gran Bretaña y otros países, pronto se vacunará a niños cada vez más pequeños contra el Covid, "a pesar de las pruebas de que esto causará un daño más grave a los niños que el propio Covid... Se sabe que el pinchazo del Covid es hasta SEIS veces más mortal para los niños que el Covid-19. Se trata de un terrible fracaso en la relación riesgo/beneficio".

Llevo más de medio siglo estudiando los efectos secundarios de los medicamentos. Hasta hace 18 meses, las empresas farmacéuticas me consideraban uno de los principales expertos del mundo en este campo. Me invitaban a dar conferencias a médicos, enfermeras y otros profesionales de la salud". Desde marzo de 2020, los medios de comunicación y el gobierno cambiaron repentinamente su impresionante historial por el de "teórico de la conspiración".

"Vacunar a los niños contra el Covid es un intento de asesinato

'Sin embargo, estoy seguro de que morirán o sufrirán graves daños más niños por el pinchazo que por la enfermedad. Incluso los expertos oficiales del Gobierno están ahora de acuerdo conmigo -aunque con retraso- en que el Covid-19, el nuevo nombre de la gripe, será cada vez más débil, algo que ya dije hace más de un año.'

'Mi sincera opinión es que cualquier médico, profesor o trabajador sanitario que promueva la inyección de Covid a los niños debería ser arrestado por intento de asesinato. Creo que cualquier médico, profesor o trabajador sanitario que no explique completamente que se trata de un pinchazo experimental, y que no dé la lista completa de riesgos, está violando el Código de Nuremberg e irá a la cárcel.'

Los médicos y las enfermeras serán juzgados como criminales de guerra

'De hecho, dudo que más de 1 de cada 10.000 de los que promueven el pinchazo de Covid entiendan que están imponiendo un pinchazo experimental. Los que quieran saber cuáles son los efectos secundarios deben ver mi vídeo del 8 de diciembre de 2020, y luego el del 2 de febrero de 2021, en el que dije que los médicos y las enfermeras que administren esta vacuna serán juzgados como criminales de guerra.'

Se pregunta por qué las escuelas están impulsando las inyecciones con tanta rapidez. ¿Acaso tienen miedo de que los padres descubran los hechos? Me parece que están utilizando a los niños como armas para matar a los ancianos. El genocidio continúa. Así que, por favor, compartid este vídeo con cualquiera que aún tenga neuronas funcionales'.

'Se pone peor: también habrá una vacuna contra la gripe en spray nasal'

'Y no es sólo la toma de Covid. La situación está empeorando. Hay planes para dar a los niños una vacuna en spray nasal contra la gripe también. De acuerdo con la información que obtuve del NHS, esta será una vacuna contra la gripe 'viva' con un virus de la gripe 'vivo' debilitado. Está debilitado, pero sigue "vivo". Como los virus mutan constantemente, no hay garantía de que este virus no se transforme en una versión más infecciosa".

'Los efectos secundarios de la vacuna nasal son potencialmente terribles, e incluyen problemas neurológicos y de comportamiento. Según el Formulario Nacional Británico, los efectos secundarios son secreción y hemorragia nasal, edema facial y síndrome de guillain-barré, una enfermedad muscular que es mortal para el 7,5%, con complicaciones como problemas respiratorios, cardíacos y de presión arterial. La recuperación de esta enfermedad puede llevar años. Probablemente el NHS se olvidó de mencionar esto, o ya no cabía en su folleto".

Sin embargo, ese folleto oficial del NHS parece estar dirigido principalmente a los propios niños, en lugar de a sus padres, y aconseja que después de recibir la vacuna nasal, los niños deben "mantenerse alejados de las personas con sistemas inmunitarios dañados durante dos semanas". ¿Por qué dos semanas? Ese plazo probablemente procede del mismo ordenador estropeado que le dijo al gobierno que el distanciamiento social debía ser de un metro y medio, una cifra que estaba completamente equivocada desde el principio. 10 metros habría tenido más sentido, pero entonces habría sido difícil que Biden y Fauci permanecieran en la misma habitación".

¿Son los niños capaces de juzgar el sistema inmunitario de los demás?

¿Pueden los niños evaluar realmente la calidad de las defensas de sus padres, hermanos y otras personas de su entorno? Según el gobierno, los niños de 12 años ya pueden conocer los riesgos y las consecuencias a largo plazo de las inyecciones experimentales de ARNm, aunque no se lo cuenten las personas que les introducen la aguja en el brazo.

Al parecer, ahora se espera que los niños pequeños comprendan perfectamente los riesgos adicionales que corren cuando estas inyecciones se combinan con una "vacuna" antigripal en spray nasal. ¿Cómo de seguro es esto? Nadie lo sabe, porque se trata de otro experimento'. Muchos médicos también advierten de que, tras 18 meses de encierro, distanciamiento social y protectores bucales, el sistema inmunitario de millones de personas está muy debilitado.

Cole se burla de que los escolares tendrán que escribir ensayos sobre esto, en los que "tendrán que explicar cómo el gobierno atribuirá las muertes adicionales a Covid-19". O, como nos tememos, a los no vacunados.

La anterior vacuna nasal contra la gripe tuvo un efecto nulo

Las "vacunas" son "presumiblemente más seguras que tumbarse en una vía férrea y ver llegar el tren, pero no tan seguras como NO recibir este spray en la nariz". ¿Y cómo de efectivo será ese spray? Ya en 2016, los CDC retiraron del mercado una vacuna antigripal en spray nasal porque solo tenía un 3% de efectividad. Después de 3 años de uso, no se había medido ningún efecto positivo. 'Sé que los gobiernos y los médicos de los medios de comunicación no aprueban los hechos, pero esto es realmente un hecho.'

'Ahora sabe más sobre el spray antigripal de lo que la escuela le dirá a su hijo. Ahora usted y su hijo pueden tomar una decisión más informada". En este sentido, señala las estadísticas oficiales del gobierno de EE.UU. que enumeran 591 muertes por la vacuna contra el VPH, incluyendo 25 niños de 9 a 12 años y 101 de 12 a 17 años. ¿Por qué menciono esto? Porque están planeando añadir esta 'vacuna' más o menos en la misma semana. Hay que tener en cuenta que menos del 1% de todos los acontecimientos adversos se notifican al VAERS. Por lo tanto, el número real será sin duda mucho mayor".

Los niños ya no son oficialmente más que conejillos de indias".

Los niños son ahora oficialmente nada más que conejillos de indias", observa Cole. En resumen, en un momento en el que millones de personas están recibiendo vacunas que hacen todo tipo de cosas a su cuerpo y especialmente a su sistema inmunológico, y sobre las que nadie puede decir nada porque esto es, después de todo, oficialmente un experimento, las autoridades quieren dar a los niños una vacuna nasal atenuada contra la gripe "viva", así como la inyección Covid-19 en aproximadamente el mismo período.

'Ni siquiera el Dr. Fauci (o en nuestro país Jaap van Dissel) puede rebatir que las personas con sistemas inmunitarios debilitados pueden verse afectadas por esto o morir. Ahí va la abuela, ahí va el abuelo. Y creo que los niños también estarán en riesgo. De nuevo: el NHS está instando a los niños a no acercarse demasiado a las personas con sistemas inmunológicos dañados. Ah, sí, ahora también se confirma que los cierres y la falta de luz solar han debilitado el sistema inmunitario de millones de personas, haciéndolas más vulnerables a las infecciones".

'Nunca se ha examinado si todas estas 'vacunas' van juntas'

Además, van a poner la vacuna del VPH también a algunos grupos de edad. Nadie ha probado si esto puede ir junto con las otras 'vacunas' en los próximos meses y años. Nadie se ha molestado en averiguar qué harán estas nuevas inyecciones y aerosoles junto con todas estas otras 'vacunas' que ya se administran rutinariamente a los niños.'

'Además, millones de personas tendrán dificultades para mantenerse calientes este invierno porque los virtuosos idiotas pseudocientíficos que creen en el calentamiento global han impulsado deliberadamente políticas que ahora están haciendo explotar los precios de la energía. Así, millones de personas serán aún más vulnerables a las infecciones".

'Gobiernos y médicos confían SU vida a la empresa más fraudulenta'

Cole sideways señala que justo el año pasado el mayor fabricante de inyecciones de Covid, Pfizer, fue multado con 4,2 millones de libras por el NHS por cobrar un 2600% de más por un medicamento. En EE.UU., Pfizer fue multada con 2.300 millones de dólares por hacer una mala promoción de sus productos (como no informar de los efectos secundarios graves demostrados) y por dar sobornos a los médicos (para que prescribieran de todos modos esos medicamentos fallidos y peligrosos). Pfizer encabezó la lista de las empresas más fraudulentas de Estados Unidos al menos hasta 2020.

Sin embargo, los gobiernos, los medios de comunicación y decenas de miles de médicos y celebridades quieren confiar su vida a esta empresa. Después de todo, ganan cantidades gigantescas de dinero con esto. El genocidio, por cierto, siempre ha sido enormemente rentable. Y no olvides que echarán la culpa de las muertes extra a Covid-19, lo que se utilizará como excusa para poner aún más inyecciones".

La mayoría de los otros productores farmacéuticos son tan malos como Pfizer, según Cole. Si fabricaran calcetines o tostadoras, nadie les compraría nada. Pero, ¿a quién le importa lo que contienen los medicamentos que los médicos quieren inyectar en el cuerpo de sus hijos? ¿Y soy a veces el único que encuentra extraño que las mujeres embarazadas no fumen, beban o coman ciertos productos lácteos, pero acepten alegremente una inyección experimental, que nadie sabe qué les hará a ellas y a su bebé por nacer? Es un experimento".

Esta es una guerra de propaganda, y la verdad es nuestra arma".

Los ministros del gobierno y sus asesores afirman que están "siguiendo la ciencia", y que yo soy un teórico de la conspiración desacreditado. Bueno, prefiero que me demonicen de esta manera, a tener que trabajar para cualquier gobierno en cualquier parte del mundo; gobiernos que infunden miedo, y que actúan cada vez más rápido para conseguir sus objetivos. Se trata de una guerra de propaganda que se lleva a cabo con la ayuda de los medios de comunicación dominantes".

www.ingramcontent.com/pod-product-compliance
Lightning Source LLC
Chambersburg PA
CBHW051446150726
48000CB00005B/2270